EUROPAS HOFFNUNG

ALLIANZEN

© 2024 Georg Matuszek

Verlag: BoD · Books on Demand GmbH, Überseering 33,

22297 Hamburg, bod@bod.de

Druck: Libri Plureos GmbH, Friedensallee 273,

22763 Hamburg

ISBN: 978-3-8192-0683-2

Inhalt

1. PERSPEKTIVEN

Wenn wir die Welt schon aufteilen wollen, wie die Weltgemeinschaft es bisweilen gerne möchte, dann bitte in Allianzen. Das macht sie sicherer. Allianzen können in der Tat Stabilität und Sicherheit bringen, wenn sie gut gestaltet sind, weil sie den Austausch von Ressourcen, Wissen und Unterstützung begünstigen. Durch Allianzen können unterschiedliche Perspektiven und Expertisen zusammengeführt werden, was zu innovativen Lösungen und einem stärkeren Zusammenhalt führt. Zudem können Allianzen dazu beitragen, Vertrauen aufzubauen und Konflikte zu reduzieren, indem sie ein Gefühl der Zugehörigkeit und Solidarität fördern. Allerdings ist es wichtig, dass solche Allianzen auf Prinzipien der Gleichheit und des Respekts basieren. Wenn bestimmte Gruppen dominieren oder andere ausschließen, wird dies Spannungen und Ungerechtigkeiten verursachen. Daher sollte der Fokus darauf liegen, inklusive und gerechte Allianzen zu schaffen, die die Vielfalt der Stimmen und Perspektiven anerkennen und wertschätzen.

Es ist geradezu faszinierend, die Idee von Allianzen in diesem Kontext weiter zu entwickeln. Gute Bündnisse können eine große Kraftquelle sein, wenn sie richtig genutzt werden. Verschiedene Gemeinschaften, Nationen oder Units unterstützen sich gegenseitig, statt sich in Isolation zu vergraben. In einer Welt, die immer mehr miteinander vernetzt ist, sind Kooperation und Zusammenarbeit wichtiger denn je, besonders in Bereichen wie Technologie, Wissenschaft, Klimaschutz und globale Sicherheit. Durch die Bündelung von Ressourcen und Expertise könnte Politik, Wirtschaft und Forschung effizienter und gezielter auf die großen Herausforderungen reagieren.

Wenn Allianzen bloß auf einer „Wir gegen die"-Mentalität beruhen, münden sie notgedrungen in einer Spaltung der Welt in „uns" und „sie", dem unvermeidlichen Nährboden für Konflikte. Es ist also entscheidend, dass solche Allianzen inklusiv sind und die Vielfalt der Perspektiven und Stimmen anerkennen. Wenn dies gelingt, könnten sie nicht nur zu mehr Sicherheit und Wohlstand führen, sondern auch eine tiefere Verbindung zwischen den Kontinenten schaffen.

Will die Allianz erfolgreich sein, braucht sie klar definierte Strategien, die alle Partner miteinander verbindet. Dies setzt eine transparente und kontinuierliche Kommunikation voraus, die alle auf dem Laufenden hält und Missverständnisse oder Konflikte frühzeitig adressiert. In dieser Kommunikation sollten nicht nur die gemeinsamen Ziele und Strategien besprochen werden, sondern auch die Schwierigkeiten, die auftreten könnten und wie man diesen kollektiv begegnen kann. Es geht nicht nur um das Was, sondern auch um das Wie.

Tiefgründige Allianzen müssen also mehr sein als bloße formale Partnerschaften. Sie müssen ein echtes Engagement für Zusammenarbeit, Gleichheit und respektvolle Kommunikation beinhalten. Und selbst wenn das gemeinsame Ziel klar ist, darf nie vergessen werden, dass der Weg dorthin genauso wichtig ist wie das Ziel selbst. Nur wenn die Strategien, Werte und Interessen aller Partner respektiert werden, sind Allianzen wirklich erfolgreich.

2. WAS HAT AUSGEDIENT?

Da sich die geopolitische Landschaft rasant verändert, wechselt mit ihr auch die Bedeutung von Allianzen. Institutionen, die früher als mächtige Akteure galten, haben in der heutigen Welt möglicherweise an Relevanz verloren. Durch veränderte politische Realitäten, schwankende wirtschaftliche Interessen oder neue Bedrohungen verlieren sie an Wirkung, wenn keine Re-set durchgeführt wird.

Institutionen, die ihre Relevanz verlieren, verlieren ihre Fähigkeit, Entscheidungen zu beeinflussen oder Veränderungen voranzutreiben. Dies betrifft vor allem internationale Organisationen, Regierungen oder grosse Unternehmen, die über Jahrzehnte hinweg als treibende Kräfte galten. Wenn sie nicht in der Lage sind, sich an neue politische, wirtschaftliche oder technologische Realitäten anzupassen, verlieren sie an Einfluss und werden von neuen Akteuren überholt. Diese Verschiebung bringt eine Umverteilung von Ressourcen, Macht und Einfluss mit sich. Dies zu erkennen und das frühzeitige Handeln sind entscheidend, um negative Konsequenzen zu vermeiden Ein verspätetes Handeln in einem politischen Kontext endet in instabilen Situationen, die mit enormen Kosten und einem hohen Risiko verbunden sind. Insofern ist das rechtzeitige Erkennen von Veränderungen nicht nur eine Frage der Reaktionsgeschwindigkeit, sondern auch eine der Weitsicht. Es erfordert Führungskräfte, die flexibel denken, Veränderungen als Chance begreifen und bereit sind, manchmal auch schwierige Entscheidungen zu treffen, bevor es zu spät ist. Die nötige Anpassung ist oft genau das, was in vielen Fällen fehlt, selbst wenn alle Zeichen auf Veränderung stehen. Diejenigen, die in Machtpositionen sind, scheinen oft erst zu reagieren, wenn das Kind längst in den Brunnen gefallen ist. Diese späte Reaktion, begleitet von der Angst, Verantwortung zu übernehmen, macht sich in den Auswirkungen tragisch bemerkbar.

Die Vorstellung, sich mit präsumtiven Partnern an einen Tisch zu setzen und gemeinsam Lösungen zu finden, wird als zu riskant erachtet. Stattdessen wird die Strategie des isolierten Agierens verfolgt: wenn wir alle Probleme ignorieren, lösen sie sich vielleicht von selbst! Warum sich mit den grossen geopolitischen Herausforderungen auseinandersetzen, wenn man auch einfach in Angst verharren kann? Die Mächte wie China, Russland und die USA werden sicher irgendwann nachgeben, wenn Europa nur ein bisschen länger in seiner Angststarre bleibt. Viel besser, man setzt auf isolierte Lösungen, die zwar niemand wirklich versteht, aber immerhin man sich sicher glaubt, dass niemand mitmischt. Warum in kooperative, multilaterale Ansätze investieren, wenn man stattdessen einfach abwartet, dass alles irgendwie von selbst geregelt wird? Viel einfacher ist es, in den Krisenmodus zu wechseln und zu hoffen, dass die Welt sich von allein stabilisiert, während Europa still in der Ecke sitzt und auf den nächsten grossen Moment wartet.

Es ist sicherlich viel ernster geworden. Statt in Angst zu verharren und in die Selbstisolation abzutauchen, könnte Europa endlich den Mut fassen, sich den geopolitischen Herausforderungen zu stellen. Anstatt isolierte und wirkungslose Lösungen zu verfolgen, die nichts weiter sind als ein politisches Herum-eiern, sollte Europa endlich begreifen, dass der Dialog und die Zusammenarbeit mit Partnern entscheidend sind, um auf der globalen Bühne mitzuspielen. In einer Zeit, in der China, Russland und die USA ihre Interessen klar vertreten, könnte Europa doch auch mal eine klare Haltung einnehmen und nicht ständig hinter den grossen Mächten herlaufen. Das Vertrauen der Bevölkerung und der internationalen Partner gewinnt man jedenfalls nicht, wenn man sich ständig wegduckt. Europa muss endlich mutige, entschlossene Schritte wagen, sonst bleibt es langfristig nur ein Zuschauer auf der Weltbühne.

Die Welt ist deutlich multipolarer als noch vor wenigen Jahrzehnten. Während der Kalte Krieg die geopolitische

Landschaft in zwei grosse Blöcke unterteilte, erleben wir danach das Aufkommen mehrerer globaler Mächte die zunehmend die politische Agenda bestimmen wollen. Die NATO, die einst vor allem als militärisches Bollwerk gegen die sowjetische Bedrohung konzipiert war, hat Schwierigkeiten, sich in der multipolaren Welt neu zu definieren. China und Russland, zwei mächtige Akteure, verfolgen zunehmend eine antagonistische Haltung gegenüber westlichen Institutionen, was ein neues Spannungsfeld schafft. Wenn sich die NATO nicht anpasst und es versäumt, neue Sicherheitskonzepte und Partnerschaften in der globalen Arena aufzubauen, könnte dies zu fatalen Konsequenzen führen.

Auf der wirtschaftlichen Bühne haben Länder wie China ihre wirtschaftliche Macht ausgebaut und dominieren mittlerweile viele industrielle und technologische Sektoren. Gleichzeitig erleben viele westliche Volkswirtschaften eine wirtschaftliche Stagnation und einen verdächtigen Verlust an Wettbewerbsfähigkeit.

ASEAN, die Vereinigung Südostasiatischer Nationen, hat ebenso an Einfluss verloren, seitdem China immer mehr als dominierende Macht in der Region auftritt. Die Mitgliedsstaaten stehen vor der Herausforderung, eine Balance zwischen der Zusammenarbeit mit China und den traditionellen westlichen Partnern zu finden. Die wachsende wirtschaftliche Abhängigkeit von China und die zunehmende Divergenz der wirtschaftlichen Interessen innerhalb von ASEAN schwächen die gesamte Region.

Gleichzeitig lässt sich beobachten, wie viele Länder die traditionellen Wirtschaftsblöcke in Frage stellen und nach neuen Wirtschaftsmodellen suchen, die mehr Flexibilität bieten. Die traditionellen Bedrohungen für die globale Sicherheit, wie die Gefahr eines direkten militärischen Konflikts zwischen Grossmächten, sind heute nicht mehr die einzig relevanten Aspekte. Stattdessen sind neue, transnationale Risiken und Gefährdungen in den Vordergrund gerückt, die von den bestehenden Allianzen nur schwer adressiert werden. Dazu gehören

Cyberangriffe, Klimawandel, Terrorismus, Pandemien und humanitäre Krisen.

Umfassende Reformen innerhalb der bestehenden Institutionen könnten durch Umstrukturierung die Handlungsfähigkeit verbessern. Doch dazu müsste ein rascher Sinneswandel mit Mut und viel Initiative sofort einsetzen. Die Ironie dabei ist, dass gerade die Institutionen, die sich selbst als stabil und zukunftsfähig sehen, oft in ihrer Starrheit und ihrem Festhalten an alten Strukturen daran scheitern, die notwendige Flexibilität zu entwickeln. Ein bisschen wie ein Schiff, das stur auf den Eisberg zusteuert, obwohl er in der Ferne schon sichtbar ist. Und am Ende steht dann die Frage: „Warum haben wir das nicht früher gesehen?"

Die alteingesessenen Politik- und Wirtschaftsführer müssten den Mut haben, sich über bestehende Interessen und gewohnte Denkweisen hinwegzusetzen und Veränderungen aktiv voranzutreiben. Viele der bestehenden internationalen Organisationen sind durch langsame bürokratische Prozesse und ineffiziente Entscheidungsstrukturen gehemmt. Diese Strukturen müssten so umgestaltet werden, dass Entscheidungen in Echtzeit und auf der Grundlage aktueller Daten getroffen werden, ohne dass man immer erst auf den Konsens aller Mitglieder warten muss.

Reformen müssen auf eine höhere Transparenz und Rechenschaftspflicht in den Entscheidungsprozessen setzen. Die heutigen globalen Institutionen haben oft mit dem Vorwurf der Intransparenz zu kämpfen, was zu einem Verlust von Vertrauen führt. Um weiterhin glaubwürdig zu bleiben, müssten diese Institutionen klare Mechanismen für Beteiligung, Einflussnahme und Rechenschaftspflicht entwickeln. Wenn dieser Sinneswandel nicht einsetzt, dann könnte man sagen, dass die Institutionen weiterhin in ihrem liebgewonnenen Dämmerland der Bürokratien verweilen, eine perfekte Kulisse, um das Schauspiel einer gefakten Globalität zu inszenieren, während sich draussen die Welt verändert.

Die Bühne ist bereit. In einem solchen Szenario könnte man den UN-Sicherheitsrat als das Meisterwerk der Stillstand-Kunst bewundern, wo Veto-Rechte noch so beeindruckend sind wie antike Relikte, die im Museumsraum der geopolitischen Bedeutung ausgestellt sind. Gleichzeitig sitzt die Weltbank in einem gläsernen Büro und hat eine ständige Besetzung, die genau Bescheid weiss, wie man in einer digitalen Welt Papier schreddert, um das Gefühl von Produktivität zu simulieren. Die ASEAN könnte sich in der Zwischenzeit in einer Endlos-Schleife verlieren, die anstatt tatsächlicher Massnahmen, in immer neuen Sitzungen endet, bis der nächste diplomatische Zwischenfall im Südchinesischen Meer eintrifft und niemand wirklich etwas tun kann, weil der Multilateralismus in der Warteschleife festhängt.

3. NEUE ACHSEN

China und Russland beabsichtigen, die alten politischen und militärischen Strukturen in Frage zu stellen und zu ersetzen. Die gemeinsame Erklärung zwischen China und Russland vom 4. Februar 2022 zeigt eine klare Absage an die traditionellen Systeme, die vor allem während des Kalten Krieges und danach etabliert wurden. Die Partnerschaft von China und Russland richtet sich gezielt gegen die westliche Dominanz in der internationalen Politik.

Warum kann die Desinformation durch Russland in den Ländern des Globalen Südens so gut greifen? Russland fördert die Narrative, die den Westen als imperialistisch oder heuchlerisch darstellen, während es sich selbst als Partner in der Gegnerschaft zum Westen positioniert. Diese Plattformen sind oft weniger reguliert, was es den russischen Desinformationsnetzwerken leichter macht, falsche oder manipulative Inhalte zu verbreiten. In Ländern mit geringeren Medienkompetenzen und institutionellen Ressourcen sind die Menschen oft anfälliger für Fake News und Propaganda. Russland nutzt die Spaltungen in diesen verunsicherten Gesellschaften gezielt aus, um die soziale Polarisierung zu verstärken und die Gesellschaften weiter zu destabilisieren.

Russland hat Unterstützung von China im Hinblick auf den Ukraine-Konflikt und die westlichen Sanktionen erhalten. Umgekehrt profitiert China von der Unterstützung Russlands in Bezug auf sicherheitspolitische Fragen und dem wachsenden militärischen Einfluss in Zentralasien. Der Iran ist aktiv in regionalen Konflikten engagiert und nutzt Stellvertreterkriege, um seinen Einfluss im Nahen Osten auszubauen. Nordkorea bleibt ein isolierter Akteur, der häufig mit atomaren Drohungen und aggressiver Rhetorik auftritt.
Russland und China haben neuerdings wiederholt Cyberangriffe sowohl auf militärische als auch auf

wirtschaftliche Ziele durchgeführt. Diese Taktiken ermöglichen es, kritische Infrastrukturen zu destabilisieren, strategische Informationen zu stehlen oder politische Prozesse zu beeinflussen. Die genannten Mächte setzen auf Desinformation, um die öffentliche Meinung in anderen Ländern zu manipulieren, politische Instabilität zu fördern und die Glaubwürdigkeit westlicher Institutionen zu untergraben. Russland ist hier ein besonders aktiver Akteur, insbesondere im Kontext von Wahlen und demokratischen Prozessen in westlichen Ländern.

Auch die Verkommerzialisierung der Macht gefährdet die internationale Stabilität, indem sie wirtschaftliche Interessen und persönliche Profite über Werte wie Zusammenarbeit und globale Verantwortung stellt. Populistische Figuren wie Donald Trump mit seinem Regierungs-Team in den USA verschärfen diese Dynamik durch ihre isolierende Haltung und das Misstrauen gegenüber internationalen Allianzen, was die globale

Kooperation untergräbt. Angesichts dieser Herausforderungen müsste die internationale Gemeinschaft neue Wege finden, um auf Bedrohungen zu reagieren. Insbesondere durch schnelle, koordinierte Aktionen in Wirtschaft und Forschung sowie durch den Aufbau wirtschaftlicher Partnerschaften, die auf gemeinsamen Werten und fairen Handelspraktiken basieren, könnten neue, stärkere Kooperation entstehen. Die Förderung regionaler Wirtschaftsräume und die Dezentralisierung der Macht könnten langfristig stabilere und widerstandsfähigere Alternativen darstellen.

Langfristig kann die Wahrung der Weltordnung nur gelingen, wenn eine wertebasierte Ordnung global gefördert und gestärkt wird. Aufklärung, kultureller Austausch und die Unterstützung von zivilgesellschaftlichen Initiativen könnten dazu beitragen, dass sich mehr Länder mit diesen Werten identifizieren und unlauteren Versuchen, die Ordnung zu destabilisieren, entgegenwirken.

Insgesamt ist es eine Kombination aus präventiven Massnahmen, internationaler Zusammenarbeit und einer starken Verteidigung, die notwendig ist, um den bestehenden internationalen Frieden und die Ordnung zu sichern. Es ist fundamental bestimmend, flexibel und reaktionsfähig auf neue Bedrohungen zu reagieren. In der Tat befindet sich die Weltordnung an einem Wendepunkt, an dem die Schaffung neuer Bündnisse des Widerstandes gegen eine zunehmend isolierte und von Eigeninteressen geprägte Imperialismus-Tendenz in neuen Gewändern eine einmalige Chance bietet.

Der aktuelle geopolitische Wandel eröffnet die Möglichkeit, alternative Bündnisse zu schmieden, die nicht auf die traditionellen Grossmächte bauen. Stattdessen könnte der Fokus auf Ländern und Regionen liegen, die sich für offene, inklusive und kooperative Prinzipien einsetzen. Die Konzentration auf gemeinsame wirtschaftliche Partnerschaften und interdisziplinäre

Forschungsinitiativen könnte den Grundstein für eine widerstandsfähigere Formation legen. Solche Allianzen bieten nicht nur wirtschaftliche Vorteile, sondern auch Lösungen für globale Herausforderungen wie den Klimawandel oder Pandemien. Eine weltwirtschaftliche Dezentralisierung könnte Länder von der Abhängigkeit von wenigen Supermächten befreien. Regionale Allianzen könnten stabiler und flexibler auf globalen Druck reagieren und innovative Modelle der Zusammenarbeit hervorbringen.

4. WIE WÄRE ES MIT EINER „APTO"?

Ein weltumfassender Pakt wie etwa eine Atlantic Pacific Treaty Organization könnte tatsächlich ein visionärer und kraftvoller Schritt sein, um eine neue Ära der globalen Zusammenarbeit einzuleiten. Ein solcher Vertrag würde die Stärken der bestehenden transatlantischen Potenziale etwa zu Kanada und pazifischen Allianzen bündeln, aber auch neue Partnerschaften schaffen, die nicht nur auf militärischer Sicherheit beruhen, sondern auf gemeinsamen politischen, wirtschaftlichen und sozialen Werten.

Eine solche „APTO" könnte als eine institutionalisierte Plattform entstehen, die eine breite Palette globaler Herausforderungen angeht und dabei nicht nur auf militärische Sicherheit, sondern auch auf geopolitische Kooperation, wirtschaftliche Partnerschaft, wissenschaftliche Forschung und globale Nachhaltigkeit fokussiert ist. Diese Allianz könnte Europa, Nordamerika, Asien und Pazifikstaaten zusammenbringen, die gemeinsam an einer kooperativen Weltordnung arbeiten, ohne auf hegemoniale Machtansprüche oder Isolationismus zu greifen. Es ergäbe sich eine sehr wirkungsvolle Formation im Kampf gegen die zunehmend global vernetzten Clouds von Diktaturen, die sich immer weiter ausbreiten und zunehmend imächtigere Netzwerke bilden.

Ohne sich punktuell zu fixieren, könnte der geographische Bogen bei der atlantischen "Banane" von Südamerika mit dem Epizentrum Brasilien, über Mexiko in den Norden nach Kanada bis nach Europa reichen. Dort biegt sich die Kurve in Richtung asiatischen Kontinent, ob nun mit den VAE, Indien, Taiwan, Südkorea, Japan, ist weitgehend offen. Diese Vorstellung einer geographischen Bogenbildung für eine Atlantic Pacific Treaty Organization ist sowohl geopolitisch als auch strategisch spannend, da sie eine Vielzahl wichtiger Akteure in einem umfassenden Netzwerk vereinen würde. Der geographische Bogen könnte als eine Art globale Kooperationszone dienen, die nicht nur westliche Demokratien, sondern auch wichtige asiatische Nationen zusammenbringt. Denn auch Europas Interessen sind nicht so weit entfernt von der Sicherung der ostasiatischen Handelswege und Wasserstrassen. Und sie alle haben konkrete nicht zu unterschätzende Interessen und Bedürfnisse

Brasilien wäre das Epizentrum der südamerikanischen Kooperation in diesem Bogen. Als größte Volkswirtschaft des Kontinents und ein Land mit einer wichtigen geopolitischen Rolle in der südlichen Hemisphäre könnte Brasilien eine Brücke zwischen dem westlichen und dem südamerikanischen Raum schlagen. Durch eine stärkere Zusammenarbeit mit Europa und Asien könnten brasilianische Initiativen im Bereich Umweltschutz, Landwirtschaft und Technologie gestärkt werden. Brasilien braucht unbedingt innere und äußere Stabilisierung. Für Mexiko sind ebenso wie für Kanada die unberechenbar gewordenen USA schon seit langem zu einem Risikofaktor geworden. Europas Risikofaktor wiederum sind Russland und in weiterer Folge China und seit neuestem auch die USA. Indiens Risikofaktor, gleichermaßen für Taiwan, Südkorea und Japan, ist China. Alle zitierten Units befinden sich in klar definierten Risiko-Clouds und hätten ein beachtliches Interesse an einer Sicherheitsbeteiligung. Die Betonung des kollektiven Ansatzes ist hervorzuheben, da viele dieser Risiken nicht von einem einzigen Land alleine bewältigt werden können.

Die Sicherheits-Architekturen decken sich mit den wirtschaftlichen Beziehungen und dem Freihandel. Grossrahmige Forschungsnetzwerke sind ebenso ein bedeutender Angelpunkt für eine intensive Zusammenarbeit. Damit wird nicht nur der Wissensaustausch vorangetrieben, sondern auch Innovationen, die für die Sicherheit und das Wohlstand vieler Länder von entscheidender Bedeutung sind.

Europa befindet sich mit seiner internen Aufgaben-Balance in noch organisatorisch anzulegenden Grossregionen gut aufgestellt. Dies macht Europa zu einer erhofften Drehscheibe globaler Sicherheit und Prosperität. Es stärkt die Fähigkeit, die europäische

Wirtschafts- und Sicherheitsarchitektur durch innovative und nachhaltige Initiativen weiter auszubauen. Hierzu gehören nicht nur die Koordinierung von Handelsabkommen und Investitionen, sondern auch die Entwicklung von Sicherheits- und Verteidigungskooperationen, die Europa als stabilen Akteur in einer zunehmend multipolaren Welt positionieren. Europa könnte auch von einem aktiveren Engagement in Bereichen wie Digitalisierung, grüne Technologien und globale Gesundheitsstrategien profitieren, da diese Felder nicht nur das wirtschaftliche Wachstum stimulieren, sondern auch strategische Vorteile in Bezug auf globale Sicherheit aufzeigen.

Dadurch könnte es nicht nur seinen Wirtschaftsmotor, sondern auch die stabilisierende Position in der internationalen Sicherheitsarchitektur perfektionieren. Europa wäre schlecht beraten, diese Chancen nicht zu ergreifen und verstärkt in multilaterale Initiativen und Partnerschaften mit anderen globalen Akteuren zu

.

investieren. Europa sollte diese geopolitischen Freiräume mit Volldampf nutzen und sich als ein unabhängiger und starker Akteur in der globalen Politik positionieren. Ein Club der Willigen, der Technologie, Sicherheit und nachhaltige Entwicklung miteinander verbindet, könnte die Grundlage für ein innovatives und zukunftsfähiges Europa schaffen. Umgekehrt würde eine zu zögerliche, inkohärente Haltung die EU langfristig nur schwächen und in einem von anderen grossen Akteuren dominierten geopolitischen Umfeld zurückwerfen.

Nicht zu übersehen ist parallel zu diesen Kooperationen der geradlinige Handels- und Kooperationsaustausch mit dem unmittelbaren Nachbar-Kontinent Afrika. Die geografische Nähe und die wirtschaftlichen Verbindungen zwischen Europa und Afrika bieten enormes Potenzial für eine vertiefte Zusammenarbeit. Afrika wird in den kommenden Jahrzehnten eine der am schnellsten wachsenden Wirtschaftsregionen der Welt sein, mit einer jungen, dynamischen Bevölkerung und einem enormen

Potenzial in verschiedenen Sektoren, von Landwirtschaft und Ressourcen bis hin zu Technologie und Infrastruktur.

Europa könnte durch verstärkte Handelsbeziehungen, Investitionen in die Entwicklung von Infrastruktur und Technologie sowie durch den Ausbau von Partnerschaften im Bereich Bildung und Innovation von dieser Entwicklung profitieren. Solche Kooperationen würden nicht nur den Zugang zu neuen Märkten und Ressourcen erleichtern, sondern andersrum auch den Wohlstand und die wirtschaftliche Entwicklung auf dem afrikanischen Kontinent ausweiten.

Ein engerer Handels- und Kooperationsaustausch mit Afrika würde sich nicht nur auf die wirtschaftliche Position Europas auswirken, sondern auch die aussereuropäischen Bündnis-Netzwerke massgeblich beeinflussen. Afrikas strategische Lage macht den Kontinent zu einem wichtigen Knotenpunkt im globalen Handel und eine vertiefte europäisch-afrikanische Partnerschaft könnte helfen, neue

Handelsrouten zu eröffnen, Investitionen anzuziehen und europäische Unternehmen als treibende Kraft in der globalen Wirtschaft zu positionieren.

Europa würde nicht nur durch den Handel, sondern auch durch den Transfer von Technologie und Wissen eine führende Rolle im Bereich der grünen Technologien und der digitalen Transformation in Afrika übernehmen. Kooperationen in diesen Bereichen, etwa durch den Ausbau erneuerbarer Energiequellen, innovative landwirtschaftliche Techniken oder digitale Infrastruktur, tragen nicht nur zur wirtschaftlichen Entwicklung bei, sondern auch zur Sicherung eines nachhaltigen Wachstums, das sowohl Europa als auch Afrika zugutekommt.

Wichtig dabei ist es für Europa, den Akzent darauf zu setzen, sich nicht an oberster Leitungs-Stelle zu sehen, eher als begehrter Angelpunkt, um den sich so vieles dreht. Eine solche Rolle als Vermittler und Koordinator ist nicht nur diplomatisch geschickt, sondern auch langfristig erfolgreicher. Indem Europa als aktiver und flexibler Partner auftritt, der den Dialog und die Kooperation ankurbelt, kann es sowohl in Afrika als auch auf der globalen Bühne eine Schlüsselposition einnehmen. Wenn Europa als gleichwertiger Partner und nicht als dominante Führungskraft agiert, wird es Vertrauen aufbauen und tiefere, authentische Beziehungen schaffen. Dies hebt nicht nur die langfristige Bündnisse, sondern reizt auch eine nachhaltige gegenseitige Entwicklung bestmöglich aus. Diese Haltung betont den respektvollen Dialog und das Teilen von Verantwortung, was zu einer stärkeren politischen und wirtschaftlichen Partnerschaft animiert.

Europa würde sich als Plattform für den Austausch von Ideen und Lösungen präsentieren, die sowohl Afrika als auch Europa und dem gesamten Bündnis einer APTO zugute kämen. Es könnte eine vermittelnde Rolle zwischen den verschiedenen Akteuren, sei es zwischen Staaten, internationalen Organisationen oder privaten Unternehmen übernehmen und so als vermittelnder Akteur in der globalen Zusammenarbeit fungieren. Dies würde Europa helfen, seine Fähigkeiten zur Vernetzung kollektiver Lösungen auszubauen.Europa wäre imstande, die regionalen Bündnisse und Plattformen in Afrika zu stärken, die den Austausch von Wissen und Technologien zwischen verschiedenen afrikanischen Staaten und europäischen Partnern fördern. Eine EU-Afrika-Partnerschaft müsste darauf abzielen, auf die regionalen Bedürfnisse konkret einzugehen, anstatt universelle Lösungen von oben aufzuzwingen.

Europa hätte die Voraussetzungen in Bereichen wie Wissenschaft, Bildung, Kultur und Technologie, den Austausch zu befruchten, indem es als Knotenpunkt für Forschungsnetzwerke, Bildungsinitiativen oder digitale Plattformen fungiert. Solche Initiativen mobilisieren nicht nur die Allianz-Beziehungen, sondern tragen auch zur Schaffung einer breit koordinierten Gegenfront zu bestehenden überdominanten Clouds wie in Silicon Valley bei.

5. SICHERHEITSARCHITEKTUR UND FORSCHUNGSNETZWERK

Intern verfügt Europa bereits über zahlreiche erfolgreiche Initiativen wie „Horizon Europe", einem grossen Forschungs- und Innovationsprogramm der EU, das zur Förderung von wissenschaftlicher Zusammenarbeit und technologischer Innovation beiträgt. Um jedoch eine stärkere Rolle als globaler Knotenpunkt für Forschung und Entwicklung zu spielen, könnte Europa noch gezielter internationale Partnerschaften in Schlüsselbereichen wie künstliche Intelligenz, Quantencomputing, Nachhaltigkeit und Gesundheit aufbauen. Diese Netzwerke würden nicht nur den Wissensaustausch beschleunigen, sondern auch sicherstellen, dass Europa als Verbraucher von Technologien als auch als Innovations-Koordinator wahrgenommen wird.

Europa würde sich als globaler Bildungs-Hub

positionieren, indem es Bildungsprogramme und Stipendieninitiativen für internationale Studierende, Forscher und Technologietalente aus Afrika, Asien und anderen Regionen verbinde. Initiativen wie die Erasmus-Programme haben bereits erfolgreich internationale Austauschprogramme gefördert, doch Europa könnte über seine Grenzen hinaus noch weiter ausbauen, indem es nicht nur akademische Netzwerke fördert, sondern auch berufliche und technologische Ausbildung in Bereichen wie Digitalisierung, künstliche Intelligenz und nachhaltige Technologien im weltweiten Bündnis unterstützt. Das Ziel sollte sein, ein internationales Netzwerk von Fachkräften und Innovatoren zu schaffen, die in Europa ausgebildet wurden und gleichzeitig mit anderen Regionen zusammenarbeiten.

Um als alternative Quelle für Innovationen zu den USA und China aufzutreten, müsste Europa stärker auf multinationale Technologieallianzen setzen. Dies bedeutet, dass die EU zusammen mit anderen Partnern, sowohl innerhalb als auch ausserhalb Europas, eigene Technologien und Standards entwickelt, die nicht nur den europäischen Binnenmarkt bedienen, sondern als weltweiter Standard etabliert werden könnten.

Ein weiterer Bereich, in dem Europa als Knotenpunkt auftreten könnte, ist die Entwicklung und Verbreitung von grünen Technologien und nachhaltigen Innovationen. GreenTech und Circular Economy-Initiativen sind ein wesentliche Pfeiler für europäische Partnerschaften. Europa ist in der Lage nicht nur im Bereich der Forschung und Entwicklung innovativer grüner Technologien den Treiber zu spielen, sondern auch als Marktplatz für nachhaltige Lösungen zu fungiere, die sowohl die europäische als auch die globale Entwicklung voranbringen.

Der Weltraum ist mehr noch als ein Bereich für wissenschaftliche Entdeckungen ein Schlüsselelement der geopolitischen und wirtschaftlichen Bedeutung eines neuartigen Bündnisses. In einer Zeit, in der Weltraumtechnologien zunehmend die Grundlage für Innovationen in Bereichen wie Kommunikation, Navigation, Klimaforschung und Sicherheit darstellen, müsste das neue Bündnis durch verstärkte Zusammenarbeit im Weltraumsektor eine einflussreiche Rolle einnehmen.

Die Weltraumtechnologie könnte für die neue Allianz einen bedeutenden strategischen Stellwert erhalten und als eine Art Kontrast-Programm zu den bestehenden Supermächten USA und China darstellen. Das müsste in grossem Masse Indien oder die südostasiatischen Technologie-Giganten in ihrer geographischen Abgeschiedenheit interessieren. Die Abhängigkeit von den Weltrauminfrastrukturen der USA mit „GPS", oder China mit „Beidou", stellt ein geopolitisches Risiko dar. Ein stärkerer Fokus auf die Schaffung einer unabhängigen globalen Weltrauminfrastruktur könnte dazu beitragen, die Souveränität und Handlungsfähigkeit der Allianz im

Weltraum zu dynamisieren. Durch die Betonung von Multilateralismus, Frieden, Nachhaltigkeit und wirtschaftlicher Zusammenarbeit könnte das neue europäische Bündnis eine alternative, integrative und wertebasierte Weltraumstrategie entwickeln, die sowohl für Europa selbst als auch für seine Bündnis-Partner attraktiv ist.

Die Grösse und Komplexität der Aufgabe verlangt jedoch nicht nur einen langfristigen Plan, sondern auch eine kohärente, koordinierte Anstrengung auf allen Ebenen: von politischen Führern bis hin zu Wissenschaftlern, Ingenieuren und der breiten Öffentlichkeit. Europa könnte hier durch eine Mischung aus visionärer Führung, innovativen Partnerschaften und einer klaren multilateralen Strategie eine interessante vermittelnde Rolle spielen.

Die Dezentralisierung von Macht und die Förderung regionaler Wirtschaftsräume sind komplexe

Herausforderungen, die nicht nur auf politischer Ebene, sondern auch in der Gesellschaft und in der Wirtschaft Unterstützung und Zusammenarbeit benötigen. Politische Führung sollte nicht nur in der Lage sein, diese Vision zu formulieren, sondern auch den Mut und die Weisheit haben, sie in die Tat umzusetzen, auch wenn die politischen und wirtschaftlichen Herausforderungen enorm sind.

Die Herausforderungen, die mit der Dezentralisierung verbunden sind, lassen sich kaum von einzelnen Ländern oder Akteuren alleine bewältigen. Innovative Partnerschaften sind notwendig, um Synergien zu schaffen und die erforderlichen Ressourcen zu bündeln. Europa hat hier aufgrund seiner einzigartigen Struktur als Zusammenschluss vieler unterschiedlicher Staaten mit verschiedenen wirtschaftlichen und politischen Systemen eine besondere Gelegenheit, als Modell für Kooperation und Zusammenarbeit zu fungieren. Es könnte als Brücke zwischen verschiedenen Interessengruppen und Regionen dienen und dabei helfen, unterschiedliche Perspektiven zusammenzubringen, um tragfähige Lösungen zu finden. Europa könnte als Vermittler zwischen globalen Akteuren und regionalen Interessen fungieren und gleichzeitig die Bedeutung der lokalen Autonomie betonen. Durch multilaterale Foren und Verhandlungen könnten gemeinsame Standards, Lösungen und Maßnahmen entwickelt werden, die sowohl den regionalen Bedürfnissen als auch den globalen Herausforderungen gerecht werden.

Damit die Dezentralisierung und die Förderung regionaler Wirtschaftsräume erfolgreich sind, ist eine koordinierte Anstrengung erforderlich, von der politischen Führung über die wissenschaftliche und technologische Forschung bis hin zu den Menschen vor Ort, die die Veränderungen umsetzen müssen. Die breite Öffentlichkeit spielt eine wesentliche Rolle, indem sie diese Veränderungen akzeptiert, unterstützt und aktiv mitgestaltet. Die Menschen müssen verstehen, warum die

Dezentralisierung und die Förderung regionaler Wirtschaftsräume wichtig sind und wie sie von diesen Veränderungen profitieren können. Ein klares Kommunikationskonzept, das die Vorteile und Notwendigkeit dieser Transformation erklärt, ist entscheidend, um Widerstände zu überwinden und die Bevölkerung einzubeziehen.

Europa hat eine einzigartige Gelegenheit, als Modell für eine erfolgreiche Kombination aus dezentraler Autonomie und übergreifender Zusammenarbeit zu fungieren. Die EU hat bereits Erfahrungen in der Koordination zwischen Staaten mit unterschiedlichen wirtschaftlichen, politischen und kulturellen Systemen. Diese Erfahrung könnte genutzt werden, um sowohl interne europäische Regionen als auch andere Teile der Welt zu unterstützen, die ähnliche Herausforderungen angehen wollen.

Die Entwicklung einer kohärenten, koordinierten Anstrengung erfordert nicht nur politische und wirtschaftliche Maßnahmen, sondern auch langfristige Investitionen in Bildung, Forschung und Innovation. Wissenschaftler und Ingenieure sind die Motoren, die die praktischen Lösungen für die Herausforderungen der Dezentralisierung und regionalen Entwicklung finden müssen. Daher ist es entscheidend, in eine hochqualifizierte und innovationsgetriebene Arbeitskraft zu investieren, um neue Technologien und Lösungen zu entwickeln, die diesen Wandel unterstützen.

Das bedeutet, langfristige Visionen zu verfolgen, die einen geopolitischen und technologischen Mehrwert bieten. Sie sollten nicht nur den technologischen Fortschritt befeuern, sondern auch die globale Partnerschaft und Kooperationsnetzwerke auf Trab halten. Das Bündnis sollte sich davor hüten, technologische Einbahnstrassen zu verfolgen, bei denen der Nutzen begrenzt ist und die keine breiten internationalen Kooperationen oder Anwendungsmöglichkeiten bieten. Es geht darum, flexible, skalierbare Technologien zu entwickeln, die auch mit anderen globalen Akteuren kompatibel sind und mehrseitige Partnerschaften ermöglichen. Ein Beispiel könnte die Entwicklung von offenen Standards oder interoperablen Satellitensystemen sein, die nicht nur für die konkrete Allianz, sondern auch für andere Länder zugänglich sind.

Die Allianz sollte sich auf ambitionierte langfristige Projekte konzentrieren, die weltweite Auswirkungen haben und die die internationale Zusammenarbeit ankurbeln. Kleinere, isolierte Projekte sind zu vermeiden, um nicht den Fokus zu verlieren und dann von den führenden Mitbewerbern der Weltmächte überholt zu werden. Der Schlüssel liegt darin, dass die Allianz in den entscheidenden Hebeltechnologien aktiv bleibt und sich als strategischer Partner für viele Länder weltweit positioniert.

Ein solcher Ansatz ermöglicht es, sich als Drehscheibe für Ideen und Lösungen zu präsentieren, das verschiedene

Akteure zusammenbringt, um gemeinsame Herausforderungen anzugehen. Die Fähigkeit, Brücken zu bauen und die Interessen verschiedener Parteien zu berücksichtigen, könnte von entscheidender managerieller Bedeutung sein.

6. NEUE MANAGEMENT-FÄHIGKEITEN FÜR POLITIK

Worin bestehen also die Management-Fähigkeiten globaler Allianzen? Das Verständnis, effektiv mit Ideenfindern aus unterschiedlichen Kulturkreisen zu kommunizieren, steht auf dem Plan. Dies umfasst die gesamte Sensibilität für die Diversität von Kulturen und Normen. Man geht vom Gespür für die Bedürfnisse und Interessen der Partner aus. Die Co-Creation beginnt bei der Formulierung von strategischen Zielen, die allen Partnern Vorteile einbringen. Dies beinhaltet nach wie vor die Analyse von Wettbewerbsbedingungen und Trends.

In einem sich ständig verändernden globalen Umfeld ist es wichtig, flexibel zu bleiben, den Überblick nicht zu verlieren und sich immer wieder an neue Bedingungen anzupassen. Dies kann sowohl strategische als auch operationale Veränderungen erfordern. Die Identifizierung und das Management von Risiken, die mit internationalen

Partnerschaften verbunden sind, ist eine sensible Aufgabe. Ein starkes Netzwerk will gepflegt werden, um Informationen auszutauschen, Unterstützung zu erhalten und neue Entwicklungen zu identifizieren. Es wird ein tiefes Verständnis der spezifischen Märkte brauchen, in denen die Partner tätig sind. Nur dann werden diejenigen Entscheidungen getroffen, die in der Lage sind, Chancen auch zu nutzen. Die Fähigkeit, diese Beziehungen zu pflegen und weiterzuentwickeln, ist der Motor der Spirale nach vorne.

Das Konzept des politischen Managements im Kontext eines neuen Bündnisses, das sich dem Kampf gegen die Vormachtstellung der Gewalt verschrieben hat, ist ein sehr tiefgehendes und anspruchsvolles Thema. Hier geht es nicht nur um die strategische Zusammenarbeit zwischen verschiedenen Playern, sondern auch um die Schaffung eines stabilen Rahmens, der auf langfristige Konfliktlösung, friedliche Koexistenz und die Förderung von Sicherheit und

Gerechtigkeit abzielt. Ein solches Bündnis erfordert eine präzise und einfühlsame politische Führung.

Die Strategie der Stärke und Gerechtigkeit ist ein Konzept, das sowohl den Einsatz von Macht als auch die Wahrung von moralischen und ethischen Prinzipien vereint. Es geht darum, Durchsetzungsvermögen als Mittel zu nutzen, um Gerechtigkeit zu sichern, ohne dabei in autoritäre oder gewaltsame Praktiken zu verfallen. In der Umsetzung eines solchen politischen Management-Konzepts geht es um die Prinzipien der Begrifflichkeit und Wertung, die reaktive Vernunft, die Perspektivität und Dringlichkeit , die alle die problemzentrierten Reize setzen.

Die Stärke einer solchen Strategie bedeutet sowohl militärische als auch wirtschaftliche Macht. Abgerufen werden die Fähigkeiten, in schwierigen Situationen entschlossen zu handeln. Die Stärke muss jedoch verantwortungsvoll eingesetzt werden. Anstatt einfach Macht auszuüben, muss sie gezielt eingesetzt werden, um

Ungerechtigkeiten korrigieren zu können und die Weltordnung stabiler zu gestalten. Gerechtigkeit ist eng mit der Wahrung der Rechtsstaatlichkeit verbunden. Eine Strategie der Stärke und Gerechtigkeit setzt sich dafür ein, dass internationale Normen konsequent durchgesetzt werden. Dies beinhaltet sowohl die Bekämpfung von Ungerechtigkeiten und Menschenrechtsverletzungen als auch die Unterstützung von Institutionen, die den Rechtsstaat verteidigen.

Ein wesentlicher Aspekt der Gerechtigkeit ist der Schutz der Schwachen und die Wahrung von Chancengleichheit. Stärke bedeutet dann auch, die Rechte und Interessen von marginalisierten Gruppen zu verteidigen. Dies beinhaltet den Schutz von Minderheiten, den generellen Kampf gegen Armut und den Zugang zu Bildung für alle. Die Grundlage von Gerechtigkeit ist die Wahrung der menschlichen Würde. Jede Strategie, die auf Stärke und Gerechtigkeit setzt, muss sich verpflichten, diese zu respektieren und zu fördern. Das Augenmass für

Gleichberechtigung und Respekt für die Menschenrechte muss im Zentrum der politischen, wirtschaftlichen und sozialen Aktionen stehen. Diese Verpflichtung umfasst nach wie vor die Bekämpfung von Diskriminierung, Rassismus und Ungleichbehandlung, die Menschen aufgrund ihrer Herkunft, ihres Glaubens oder anderer Merkmale benachteiligt.

Diese Konzepte sind nicht bloss theoretische Überlegungen, sondern stellen die Grundlage dar, um auf globale und gesellschaftliche Herausforderungen gezielt und effektiv zu reagieren. Sie definieren die strategische Ausrichtung, um Probleme zu lösen, die mit der Vormachtstellung von Gewalt und Ungerechtigkeit zu tun haben.

Die Begrifflichkeit bezieht sich darauf, wie Probleme und Herausforderungen definiert werden, die es zu bewältigen gilt. Sie beeinflusst die Art und Weise, wie diese Probleme wahrgenommen und wie die Wertungen erfolgen, also welche Prioritäten gesetzt und wie Lösungen formuliert werden. Ein klares Verständnis und eine präzise Begrifflichkeit sind notwendig, um die Herausforderungen korrekt zu benennen. In einem politischen Kontext bedeutet das beispielsweise, genau zu definieren, was unter Vormachtstellung von Gewalt oder Gerechtigkeit verstanden wird. Nur durch präzise Begriffe kann eine kohärente Strategie entwickelt werden, die für alle Akteure nachvollziehbar und anwendbar ist.

In einem globalen Management-Konzept muss entschieden werden, ob bestimmte Formen von Gewalt dringlicher sind als andere. Zum Beispiel wird eine sofortige Intervention in einer Krisenregion möglicherweise höher gewichtet als eine langfristige Entwicklungsstrategie. Reaktive Vernunft bedeutet, auf Ereignisse, Entwicklungen oder Krisen zu reagieren, indem die vorhandenen Fakten und Daten schnell und sinnvoll bewertet werden. In einem politischen Management-Konzept bedeutet dies, dass auf plötzlich auftretende

Konflikte, gewaltsame Auseinandersetzungen oder Krisen schnell und angemessen reagiert wird.

Perspektivität bedeutet, die langfristigen Auswirkungen von Entscheidungen zu berücksichtigen und sich nicht nur auf unmittelbare Reaktionen zu fokussieren. Dies bezieht sich sowohl auf die zukunftsorientierte Denkweise als auch auf die Fähigkeit, aus verschiedenen Blickwinkeln zu schauen, wie politische Massnahmen und Strategien umgesetzt werden. Die Perspektivität in einem politischen Management-Konzept sorgt dafür, dass die Aktionen im Einklang mit den übergeordneten Zielen stehen. Sie stellt sicher, dass auch die langfristigen Folgen von Entscheidungen, wie die Schaffung von stabilen Gesellschaften oder die nachhaltige Förderung von Rechtsstaatlichkeit, mitberücksichtigt werden.

Eine politische Strategie der Stärke muss auf dringende humanitäre Krisen reagieren können. Bewaffnete Konflikte, Völkermord oder grossflächige

Menschenrechtsverletzungen stehen an oberster Stelle. Die Fähigkeit, in solch kritischen Momenten rasch und effektiv zu handeln, ist entscheidend, um Schäden zu minimieren und den Kurs in eine gerechtere und friedlichere Zukunft zu lenken.

Das Konzept der problemzentrierten Reize bezieht sich auf die dynamischen Reaktionen, die notwendig sind, um die drängendsten Probleme im globalen Kontext zu lösen. In einem politischen Management-Konzept werden diese Reize durch klare Problemanalysen und Zielsetzungen gesteuert, die sowohl in der Reaktionsfähigkeit als auch in der präventiven Planung zum Tragen kommen. Problemzentrierte Reize erfordern eine kontinuierliche Analyse der globalen Situation und die schnelle Identifikation von Krisenherden oder Bereichen mit hohem Konfliktpotenzial. Das politische Management muss in der Lage sein, rasch zu erkennen, wo Handlungsbedarf besteht, und entsprechend zu reagieren, um grössere

Schäden zu verhindern oder Konflikte zu entschärfen. Und es muss sich ständig evaluieren lassen.

Es erfordert nicht nur schnelle Reaktion, sondern auch eine kontinuierliche Anpassung und ständige Evaluierung der getroffenen Entscheidungen. Eine proaktive, flexible und transparente Herangehensweise ist der Schlüssel, um Konflikte zu entschärfen und grösseren Schaden zu verhindern.

7. HINWEISE AUS DER GELEBTEN PRAXIS

Was geschieht auf dem internationalen Parkett, wenn eine neu geschmiedete Allianz theoretisch formulierte Hoffnungen ausschl ägt? Wenn eine neu geschmiedete Allianz auf dem internationalen Parkett theoretisch formulierte Hoffnungen ausschlägt, bedeutet das, dass die ursprünglich gesteckten Ziele und Erwartungen nicht erfüllt werden. Die Allianz hat in der Praxis somit Schwierigkeiten, Ziele zu realisieren. Dies hat mehrere schwerwiegenden Konsequenzen zur Folge, sowohl auf politischer als auch auf globaler Ebene.

Allianzen entstehen primär, um eine bestimmte strategische Machtposition zu sichern, sei es im wirtschaftlichen, sicherheitspolitischen oder diplomatischen Bereich. Wenn diese strategische Position aufgrund des Scheiterns der Allianz nicht erreicht wird, würde die beteiligten Staaten mit massiven geopolitischen

Nachteilen zu rechnen haben. Eine gescheiterte Allianz würde in Bereichen wie Handel, Sicherheitsfragen oder Technologieentwicklung ins Hintertreffen geraten und somit die globale Wettbewerbsfähigkeit verlieren. Länder, die auf den Erfolg der Allianz gehofft haben, könnten versuchen, ihre Interessen anderswo zu verfolgen, wodurch die regionale Machtbalance definitiv zerstört wäre. Man erlebte es fast schon ungläubig anlässlich der Eskapaden der US-Trump-Regierung Anfang 2025.

Unweigerlich entstehen neue Rivalitäten entstehen, wenn andere Staaten oder Blöcke versuchen, die Lücke zu füllen, die durch das Scheitern der Allianz aufklafft Die Verschiebung der Machtverhältnisse wäre bedrohlich. In solchen Fällen müssen die beteiligten Akteure schnell reagieren, um entweder die Allianz neu zu beleben, die Fehler zu beheben oder sich anderweitig neu zu orientieren, um ihre Interessen und ihren globalen Einfluss zu wahren.

Die geopolitische Arena ist ein sich ständig veränderndes Spielfeld, auf dem jeder Fehler oder Rückschlag eine Welle an neuen Rivalitäten und Machtverschiebungen erzeugt.. Wenn Länder, die einst auf den Erfolg einer Allianz setzten, plötzlich das Gefühl haben, dass ihre Hoffnungen ins Leere gehen, wird das internationale Kartenspiel sehr schnell neu gemischt.

Die Dynamik des Crashes ist unvorhersehbar und während sich die Mitglieder der gescheiterten Allianz ratlos im Kreis drehen, könnten sich Machtblöcke freuen und die Gelegenheit nutzen, um ihre eigenen Interessen durchzusetzen. Plötzlich rückt der Weltmachtkampf wieder in den Vordergrund und das ursprüngliche Ziel der Zusammenarbeit, sei es nun Wirtschaft, Sicherheit oder Wissenschaft, wirkt wie ein ferner Traum. In diesem Chaos erinnert der Versuch, die Lücke zu füllen, mehr an einen Wettbewerb, als an eine diplomatische Mission, wobei der Ernst der Lage durch die Manöver der Akteure fast schon humoristisch anmutet.

Die Verschiebung der Machtverhältnisse wird dabei zu einem gefährlichen Spiel. Wer füllt das Vakuum? Wer geht als Sieger aus der Situation hervor? Das erinnert fast an einen Kampf ums Erbe nach einem plötzlichen chaotischen Wechsel in der Führung, bei dem jeder neue Akteur mit seinen eigenen Vorstellungen von Ordnung und Wohlstand auftritt und das kann in einer Welt, die von Unsicherheit geprägt ist, ziemlich bedrohlich werden.

Für die Player, die sich nun gezwungen sehen, zu reagieren, wird es zu einer frühen Frühjahrsputz-Übung, in der sie entweder versuchen, das Vertrauen zurückzugewinnen, indem sie das gescheiterte Bündnis irgendwie wiederbeleben oder sich schlichtweg anderweitig neu orientieren müssen. Die Frage bleibt, wer den Preis für diese geopolitische Achterbahnfahrt zahlt. Vielleicht wäre ein bisschen mehr Voraussicht bei den nächsten Allianzen nicht die schlechteste Idee.

Die geopolitische Realität des Jahres 2025 war in der Tat von einer beispiellosen Zerrissenheit geprägt. Insbesondere boten Friedensbemühungen für die grossen Wahnsinnigen in Moskau, die das Sagen haben, wenig Anreiz. Denn ihre Chance der Macht besteht darin ihre Brutalität als eine Art Machtinstrument zu inszenieren. Im Kontext des Kriegens wird die Aufrechterhaltung von Macht und Einfluss wichtiger wahrgenommen als die Suche nach einer Lösung für die bestehenden Konflikte. Friedensverhandlungen oder ein Waffenstillstand wären in dieser Perspektive als Schwäche interpretiert. Die politische Logik in diesem Fall lautet also: der Krieg muss weitergehen, auch wenn er das eigene Volk und die internationale Gemeinschaft immer weiter zerstört.

Das Fehlen jeglichen Drucks auf Moskau, in Friedensverhandlungen einzutreten, zeigte die perfide Realität. Macht und Gesicht sind dann die einzigen wahren Währungen für diejenigen, die die Zügel in der Hand halten. Die Realität für die Entscheidungsträger in Moskau ging es weniger um die humanitären Auswirkungen des Krieges als vielmehr um das politische Überleben durch Fortführen des Krieges.

In dieser Sichtweise spielt die Außenwelt mit ihren Forderungen nach Frieden und Verhandlungen kaum eine Rolle, denn diese nehmen die Form einer unmissverständlichen Bedrohung für den inneren Machtapparat Moskaus an. Der Kriegsmodus wird zu einem Instrument der Selbstbehauptung und die internationalen Bemühungen, diesen Kurs zu stoppen, scheinen ein Spiel auf verlorenem Posten, wenn sie nicht mit echter Macht und Konsequenzen verbunden sind. Es ist eine Zwickmühle, die auch die internationale Gemeinschaft vor massive Herausforderungen stellt: wie geht man mit einem Akteur um, der nur über Krieg, Brutalität und Machtbewahrung seine politische Existenz legitimiert sieht?

Diese Denkweise ist besonders gefährlich, indem sie die humanitären Kosten des Krieges und **die** langfristigen geopolitischen Folgen für das Land und seine Bevölkerung ausblendet. Der Egoismus**,** der hinter dieser Logik steht, führt nicht nur zu einem erhöhten Risiko für die eigenen Bürger, sondern destabilisiert auch die internationale Ordnung, indem sie den globalen Konsens über den Wert des Friedens untergräbt. Der Mangel an Friedensbereitschaft lässt die internationale Gemeinschaft hilflos zurück, zumal die restlichen Diktaturen davon profitieren wollen.

Der andere Irre auf der anderen Seite des Atlantik zieht daraus nicht nur Gewinn für sich und seine Follower. Er mixt ein Gift-Gemisch für den globalen Frieden ganz besonderer Art. Es ist erstaunlich, wie einige irrational agierende politische Führer, die von einem populistischen, autoritären Weltbild geprägt sind, die Unsicherheit und Spaltung nutzen, um ihre eigene Macht zu sichern. Sie bringen damit nicht nur ihr eigenes Land, sondern auch die globale Ordnung in Gefahr.

Der Globalismus und die Idee eines vereinten Friedens werden zunehmend als Bedrohung dargestellt. Dies erzeugt eine gefährliche Atmosphäre, in der multilaterale Zusammenarbeit als Schwäche und Isolationismus als Stärke angesehen wird. Ein solches Verhalten schafft keine stabilen Lösungen, sondern nagt an den Grundlagen einer friedlichen und kooperativen Weltordnung. Wenn dieser giftige Cocktail nicht entschärft wird, droht die Weltgemeinschaft in einem Paternalismus der Stärkeren zu ersticken, in dem Verhandlungen zur Makulatur werden. Autokraten auf der ganzen Welt, nicht nur in Nordkorea oder im Iran, auch in Ungarn oder in der Türkei, die den Erfolg solcher Modelle sehen, könnten versuchen, ähnliche taktische Züge zu übernehmen und dadurch den globalen Frieden weiter zu destabilisieren. Leider führt das Spiel mit solch giftigen Taktiken nur zu einem Zyklon von Rache, Isolationismus und Unsicherheit, in dem die Weltgemeinschaft immer wieder von einer Krise zur nächsten taumelt.

Die Herausforderung für die internationale Gemeinschaft ist enorm. Wie geht man mit solch einer spaltenden, egoistischen Führung um? Wie kann man verhindern, dass diese politische Haltung als neue Norm übernommen wird? Es ist eine Zukunftsfrage, die die Weltpolitik vor die Aufgabe stellt, echte Konsequenzen für solches Verhalten zu schaffen, damit nicht nur die Führungspersönlichkeiten dieser Welt, sondern auch ihre Anhänger lernen, dass globale Kooperation und Frieden nicht gegen die eigenen Interessen gerichtet sind, sondern vielmehr der Schlüssel zu einer sicheren und prosperierenden Zukunft sind.

Ein zentraler Aspekt, um zu verhindern, dass spaltende politische Haltungen zur Norm werden, ist eine klare und entschlossene Antwort der internationalen Gemeinschaft. Wenn Länder sich auf gemeinsame Werte einigen, wie etwa Menschenrechte, Freiheit, Gegenseitiger Respekt und Kooperation, müssen sie auch bereit sein, diese Werte zu verteidigen, selbst wenn es unbequem oder schwierig wird.

Die Welt braucht eine erneuerte Verpflichtung zu multilateralem Handeln, bei dem Staaten ihre Souveränität zugunsten gemeinsamer globaler Interessen hinterfragen. Länder sollten Kooperationsplattformen aufrechterhalten und weiterentwickeln, die es ermöglichen, gemeinsame wirtschaftliche, politische und sicherheitspolitische Herausforderungen zu meistern.

Social Media und die globalisierte Kommunikation müssten sich rasch in die andere Richtung bewegen. Sie können als Plattform genutzt werden, um positive, kooperative Visionen zu fördern und die Öffentlichkeit für die Risiken einer Politik des Hasses und der Spaltung zu sensibilisieren.

In vielen Ländern, in denen autoritäre und nationalistische Kräfte erstarken, ist es dringend notwendig, **dass** junge

Generationen eine andere Vorstellung von internationaler Zusammenarbeit entwickeln. Programme, die den interkulturellen Austausch, internationale Freundschaften und globale Verantwortung aufzeigen, können langfristig helfen, den Spaltkeilen entgegenzuwirken, die von politischen Führern in die Gesellschaft getragen werden.

Die Frage, wie die internationale Gemeinschaft mit einer spaltenden und egoistischen Führung umgeht, ist komplex, aber nicht unlösbar. Es bedarf eines entschlossenen Zusammenschlusses von Staaten, internationalen Organisationen, der Zivilgesellschaft und den Medien, um den Wert der globalen Kooperation wieder ins Zentrum der internationalen Politik zu stellen. Nur durch eine globale Antwort kann verhindert werden, dass autoritäre und isolationistische Haltungen zu einer dauerhaften Norm werden. Es ist ein unbequemer, vielleicht sogar abenteuerlicher Weg, aber mit gemeinsamen Strategien lassen sich diese Herausforderungen.

Die Antwort auf all die komplexen geopolitischen Herausforderungen könnte vielleicht sogar einfach sein, fast zu einfach. Wahrscheinlich sitzen irgendwo in einem überfüllten Konferenzraum 17 Diplomaten, die über den globalen Friedensplan brüten und sich wundern, warum noch nie jemand auf die naheliegenden Lösungen gekommen ist. Vielleicht ist das der Weg, den die Geschichte schon immer vorgibt, einfach tun, was zu tun ist. Schliesslich, was kann schon schiefgehen?

8. EUROPAS ANTWORTEN

Europa muss Antworten geben können und zwar nicht nur den Verbündeten, sondern auch denen, die alles zerstören wollen. Europa ist ja nicht masochistisch veranlagt.
Es muss eine klare, kohärente Haltung aufzeigen, die sowohl den Verbündeten als auch Gegnern signalisiert, dass es bereit ist, für seine Interessen und seine Sicherheit einzutreten. Dies erfordert eine strategische Herangehensweise, die Diplomatie, wirtschaftliche Massnahmen und im Notfall auch militärische Optionen umfasst. Wenn Europa dies nicht geschieht, könnte man sich vorstellen, dass es als der weltpolitische Äquivalent eines schlechten Nachbarn enden könnte, der sich stets hinter verschlossenen Türen versteckt, während seine Haustür ständig eingetreten wird. Vielleicht ist es an der Zeit, den Kompass nicht nur in einem gewünschten Kontext zu schwenken, sondern ihm auch mal ein wenig Schwung zu verleihen, sodass er in die Richtung einer

entschlossenen, klaren und strategischen Antwort zeigt.

Vorläufige Brücken bauen, selbst wenn sie nur blosse Pontons sind, ist allemal besser, als sich erschrocken oder gar hilflos zurückzuziehen. Es geht nicht darum, sofort die perfekte, massiven Brücke zu errichten, sondern vielmehr darum, sich auf das Wesentliche zu konzentrieren. Handeln, auch wenn es nur ein erster Schritt ist. Die Zeit ist der entscheidende Faktor, wenn es darum geht, den Durchbruch des entscheidenden Denkens und Handelns zu erzielen. Denn in einer Welt, die sich in rasendem Tempo verändert, darf keine Zeit vergeudet werden. Der Moment, in dem die Europäer die richtigen Verbindungen knüpfen und erste Brücken schlagen, könnte der ausschlaggebende sein.

Die Lücken, die sich auf globaler Ebene und in politischen Prozessen auftun, können kurzfristig gefüllt werden. Das erfordert jedoch schnelles, gezieltes Handeln, das sowohl pragmatisch als auch flexibel ist. Rasches Handeln, gepaart mit der Bereitschaft, strategische Bündnisse einzugehen, kann den entscheidenden Unterschied ausmachen. Wer zögert, verliert. Wer jedoch pro-aktiv Bündnisse schmiedet, wird nicht nur Zeit gewinnen, sondern auch Ressourcen und Einfluss sichern.

Für die eigene politische Familie ist Europa kein Fremdkörper, sondern vielmehr eine lebendige Kraft, die aus den grundsätzlichen gemeinsamen Wurzeln genährt wird. Europa ist nicht nur ein geografisches Konzept oder ein bürokratisches Gebilde, es ist das gemeinsame Fundament von Werten, Idealen und historischen Erfahrungen, die über Jahrhunderte hinweg gewachsen sind. Diese Wurzeln reichen tief und verbinden uns auf einer kulturellen, sozialen und politischen Ebene, die weit über nationale Grenzen hinausgeht. Gerade aus diesem Grund darf es die vereinten Völker Europas nicht kalt lassen, was mit der Ukraine, eventuell mit den baltischen Ländern oder Polen geschieht. Diese einheitliche Kraft ist nicht nur ein abstraktes Konzept, sondern sollte in der

Praxis die Grundlage für ein aktives und kohärentes Handeln bilden.

Wenn Europa die geopolitischen Herausforderungen ignoriert, spielt es nicht nur mit dem Feuer in der eigenen Nachbarschaft, sondern stellt das Fundament seiner eigenen Existenz infrage. Denn für seine Bündnispartner ist Europa weit mehr als nur der nette Nachbar, der ab und zu die Mülltonnen rausstellt, es ist der strategische Kern, der Stabilität und Richtung gibt. Versäumt Europa jedoch, diese Verantwortung wahrzunehmen, wird das ganze Gebilde einer Allianz wie ein Kartenhaus zusammenfallen, nur um den dunklen Mächten des Globus als williger Happen serviert zu werden. Denn wer nicht handelt, riskiert, in der Geschichte als der kontinentale Zauderer zu enden, der seine eigene Relevanz an die nächste geopolitische Krise verloren hat.

In der Tat hat Donald Trump eine Ära des wirtschaftlichen Umdenkens eingeläutet. Mit seiner Politik, die auf einer weitreichenden Deregulierung beruhte, hat er die westliche Wirtschaftskultur, die lange Zeit auf die Prinzipien der Haushaltsdisziplin und der Vermeidung von Überschuldung setzte, ordentlich durcheinandergebracht. Trump stellte das klassische Wirtschaftsmodell infrage, das sich auf langfristige Stabilität und nachhaltige Verschuldung stützte. Stattdessen setzte er auf kurzfristige Wachstumspushes durch massive Schuldenaufnahme, was für viele als eine Abkehr von der konservativen Wirtschaftspolitik gesehen wurde, die einst als stabiler Kurs galt. So könnte man sagen, dass er die Schuldenbremse in Europa auf mysteriöse Weise in den Ruhezustand versetzte und der westlichen Wirtschaft eine Art Hochrisiko-Rausch verpasste.

Das Jonglieren mit Schutzzöllen ist eines der markantesten Beispiele für Trumps wirtschaftliche Fehlschüssen. Am Ende hat er sich damit selbst ein ordentliches Eigentor geschossen. Denn das, was er als faire Handelspraktiken verkaufte, mündet in einem globalen Handelskrieg, der nicht nur die US-Wirtschaft belastet, sondern auch die eigenen Konsumenten in den USA durch höhere Preise auf Importwaren schwer trifft. Und während er versucht, in seiner America-First-Rhetorik zu glänzen, wurde schnell klar, dass die langfristigen Kosten dieser Schutzzölle nicht nur in Form von höheren Preisen für den amerikanischen Verbraucher, sondern auch durch gestörte Lieferketten und internationalen Handelsrückgang schwer wiegen würden. Ganz zu schweigen davon, dass die US-Unternehmen, die auf globale Märkte angewiesen sind, unter den Handelshemmnissen leiden.

Indem Trump die America-First-Politik bis zum Extrem praktizierte, setzte er bestehende Allianzen aufs Spiel und trieb eine Kehrtwende in der westlichen Aussenpolitik voran, die von seinen Verbündeten als teils unberechenbar, teils gefährlich wahrgenommen wird. Vom einseitigen Ausstieg aus internationalen Abkommen wie dem Pariser Klimaabkommen bis hin zu Handelskonflikten mit traditionellen Partnern, alles war eine rücksichtlose Taktik, die den Boden des internationalen Ansehens ausgehöhlt hat.

Trumps unermesslicher Fehlpass in der Absage der Unterstützung für die Ukraine angesichts des brutalen russischen Übergriffs auf das Land war nicht nur politisch katastrophal, sondern auch moralisch verwerflich. Indem er sich weigerte, den legitimen Widerstand der Ukraine gegen die Aggression Russlands zu unterstützen, trat er nicht nur den westlichen Prinzipien von Freiheit und Demokratie mit Füßen, sondern handelte in einer Weise, die das Leid von Millionen von Menschen direkt mit verursachte. Noch gravierender ist die Tatsache, dass Trump auf Grundlage seiner persönlichen Vorlieben und einer zutiefst fehlerhaften Einschätzung der geopolitischen Lage es sogar unterließ, Geheimdienstinformationen, die durch Satellitenaufklärung vorlagen an die Ukraine weiterzuleiten.

Diese fahrlässige Entscheidung ließ Russland einen

Freibrief, die Ukraine ohne Hemmungen zu bombardieren. Bombenteppiche, die auf zivile Ziele abgeworfen wurden, verwandelten das Land in ein Trümmerfeld, das ganze Städte in Schutt und Asche legte. Dies ist kein isolierter Vorfall, sondern der fortlaufende Versuch, das ukrainische Volk nicht nur zu entmenschlichen, sondern es systematisch zu zerstören. Und Trump, der diesen Übergriff aktiv begünstigt, wurde indirekt Teil dieses grausamen Plans. Es war, als ob er dem Massenmord an der ukrainischen Bevölkerung, dem, was als ein gewaltiger Völkermord zu betrachten ist, die Tür öffnete und den Aggressor Russland auf jede erdenkliche Weise unterstützte.

Die Ungeheuerlichkeit dieser Taten kann nicht heruntergespielt werden. Die Entscheidung, Geheimdienstinformationen zurückzuhalten und so die Möglichkeit der Ukraine zu verringern, sich zu verteidigen, war mehr als nur ein schwerer Fehler, es war eine aktive Komplizenschaft. Durch seine Handlungen, die den direkten Widerstand gegen den russischen Übergriff verstärken sollten, trug er mit dazu bei, dass unschuldige Zivilisten in der Ukraine massakriert wurden. Dieses Versagen hatte reale, blutige Konsequenzen und macht Trump zu einem indirekten Mitverantwortlichen für die barbarischen Kriegsverbrechen, die Russland verübte.

Die westliche Welt, die einst auf Prinzipien wie der Achtung von Menschenrechten, Demokratie und dem internationalen Völkerrecht basierte, fand sich unter Trumps Regime plötzlich in einer gefährlichen, enthemmten Ära wieder. Die amerikanische Außenpolitik, einst eine treibende Kraft hinter globalen Friedensinitiativen, wurde unter ihm zu einem zynischen Spielplatz, auf dem geopolitische Macht und egoistische Interessen über das Leben von Millionen gestellt wurden. Die Entscheidung, die Ukraine im Stich zu lassen, war nicht nur eine geopolitische Katastrophe, sondern auch ein moralischer Tiefpunkt für die USA.

Der alte Rechtsgrundsatz „Dummheit schützt vor Strafe nicht" bleibt immerhin bestehen. Irgendwann, sei es in naher oder ferner Zukunft, wird es einen Moment geben, in dem die Taten von Trump und seiner Clique vor einem internationalen Gericht verhandelt werden müssen. Völkerrechtliche Tribunale sollten in der Lage sein, auch solche politisch motivierten Vergehen zu ahnden. Denn wer sich am Leid anderer bereichert und Kriegsverbrechen ermöglicht, darf sich nicht hinter dem Schleier der Unwissenheit oder Dummheit verstecken. Es gibt keine Entschuldigung für das, was Trump auf dem internationalen Schlachtfeld angerichtet hat und irgendwann wird das internationale Recht, mag es auch Jahre oder Jahrzehnten später sein, dafür Rechenschaft fordern.

Was heisst politisches Vertrauen? Nicht nur, wie lässt es sich begrifflich definieren, sondern welche Faktoren bestimmen es? Politisches Vertrauen ist vielschichtig. Es umfasst sowohl das Vertrauen in die Integrität und die

Handlungsfähigkeit von Politikern als auch in die Fairness und Effizienz von politischen Prozessen und Institutionen. Politisches Vertrauen ist ein grundlegender Bestandteil für die Stabilität einer Demokratie, da es die Akzeptanz politischer Entscheidungen und die Bereitschaft zur Mitwirkung an gesellschaftlichen Prozessen fördert.

Diese Faktoren müssen kontinuierlich untersucht und bewertet werden, da sie in ständigem Wechsel stehen und sich durch neue Ereignisse und Entwicklungen verändern. Eine präzise Analyse der Ursachen und Wirkungen sowie eine objektive Bewertung der politischen Akteure sind daher unerlässlich, um politische Strategien zu optimieren und die richtigen Entscheidungen zu treffen.

Politisches Handeln ist im Grunde das, was getan werden muss, um gesellschaftliche Probleme zu lösen oder sie zumindest so aussehen zu lassen. Manchmal geht es um das Befriedigen gesellschaftlicher Bedürfnisse, manchmal um das Streben nach Macht oder dem Streben nach einer eigenen Ideologie. Und natürlich spielt die veröffentlichte Meinung gehörig mit. Die Wirkungen dieses Handelns sind meist genauso komplex wie die Ursachen. Sie reichen von Veränderungen in der Gesellschaft über wirtschaftliche Auswirkungen bis hin zu geopolitischen Verwerfungen. Wenn es gut läuft, stärkt es das Vertrauen in die Regierung. Wenn es schief geht, dann purzeln nur so die politischen Skandale und Enttäuschungen. Schliesslich ist es eine Mischung aus Kompetenz, Führung und Verhandlungsgeschick, die darüber entscheidet, ob politisches Handeln gutgeheissen wird oder nicht. Daher ist es, als wäre internationale Politik ein ständiger Drahtseilakt.

Wenn die Entscheidungsfähigkeit der Europäischen Union ernsthaft untergraben wird, sind die Folgen nicht nur besorgniserregend, sondern potenziell katastrophal. Europa steht an einem entscheidenden Punkt, an dem interne Spaltungen, bürokratische Hürden und eine Schwächung der gemeinsamen Vision die Grundlage für eine stabile und handlungsfähige Union gefährden könnten. Es ist kein Geheimnis, dass die EU in den letzten Jahren immer wieder mit internen Konflikten und mangelnder Einigkeit zu kämpfen hatte. Wenn diese Tendenzen weiter zunehmen, könnte sich Europa selbst lähmen und seine Fähigkeit verlieren, auf die drängenden globalen Herausforderungen zu reagieren. Ein Europa, das sich durch bürokratische Blockaden oder dauerhafte Uneinigkeit lähmt, wird schnell irrelevant. Es wäre ein Europa, das seine Fähigkeit verliert, als globaler Akteur ernst genommen zu werden.

Anstatt auf der internationalen Bühne Einfluss zu nehmen, würde es zu einem leicht angreifbaren Ziel für andere geopolitische Akteure, die darauf warten, die geschwächten Reste der Union zu nutzen und sich selbst zu stärken. Das Szenario eines zersplitterten Europas, das sich selbst in interne Konflikte verstrickt und seine kollektive Handlungsfähigkeit verliert, wäre ein strategisches Desaster. Europa könnte in einer Position landen, in der es nicht in der Lage ist, auf kritische Fragen der globalen Sicherheit, des Klimawandels, der wirtschaftlichen Herausforderungen oder der Migration effektiv zu reagieren. In einem solchen Fall würden nicht nur die Europäer selbst leiden, sondern auch die Weltordnung insgesamt könnte destabilisiert werden. Ohne eine klare und kohärente europäische Antwort auf globale Herausforderungen würden die geopolitischen Akteure, die bereits mit Interesse auf die Schwächen der EU lauern, in der Lage sein, ihre eigenen Agenden auf Kosten Europas voranzutreiben. Man stelle sich vor, Europa würde sich selbst lähmen, sei es durch interne Streitigkeiten, übermässige Bürokratie oder eine Schwächung der gemeinsamen Vision, die Konsequenzen wären katastrophal. Ein zersplittertes Europa, das nicht in der Lage ist, auf globale Herausforderungen zu reagieren, wird ein gefundenes Fressen für geopolitische Akteure, die nur darauf warten, die übrig gebliebenen Reste aufzusaugen.

Es ist daher von entscheidender Bedeutung, dass Europa seine interne Einheit stärkt und gleichzeitig seine Fähigkeit zur schnellen und effizienten Entscheidungsfindung optimiert. Die Europäische Union darf nicht in politischer Lähmung versinken, denn die geopolitischen Entwicklungen schreiten mit hoher Geschwindigkeit voran, und Europa muss in der Lage sein, entschlossen und handlungsfähig zu reagieren. Das wäre nicht nur ein Gewinn für die Union selbst, sondern auch für die Stabilität und Sicherheit auf globaler Ebene.

Eine europäische "Force de frappe", ein nuklearer Schutzschild, vielleicht sogar im Baltikum? Als die Ukraine in den 1990er Jahren die Hardware der atomaren System abgegeben hat, wo blieb da die Software das Wissen? Als die Ukraine auf die Hardware, also die Bomben und Raketen verzichtete, blieb eine andere entscheidende Komponente auf der Strecke - das Know-how, wenn man so will. Die hochspezialisierten Kenntnisse, wie man ein Atomwaffenarsenal überhaupt instand hält und effektiv einsetzt, waren von der Ukraine zu dieser Zeit schlichtweg nicht mehr zu bewahren. Und als Russland später begann, die Sicherheitsgarantien mit Füssen zu treten stellte sich schnell heraus, dass die Ukraine ohne ihren nuklearen Schutzschild ein leichtes Ziel wurde.

Ein zentraler Punkt ist die Notwendigkeit eines umfassenden Verständnisses und einer soliden Infrastruktur für die nukleare Sicherheit. Die Verwaltung und Kontrolle von Kernwaffen erfordert nicht nur technisches Wissen, sondern auch eine strenge politische und militärische Disziplin. Die Erfahrung der Ukraine zeigt, wie fragil sicherheitspolitische Vereinbarungen sein können und betont die Bedeutung stabiler und verlässlicher Systeme zur Konfliktvermeidung.

Die Idee einer europäischen „Force de frappe" ist ebenso beeindruckend wie beängstigend. Auf der einen Seite könnte sie als Symbol für europäische Souveränität und militärische Unabhängigkeit dienen, auf der anderen Seite würde sie Europa in ein gefährliches geopolitisches Spiel werfen, das nicht nur die EU, sondern auch die NATO und Russland in eine äusserst heikle Lage versetzen könnte. Und wenn Europa wirklich eine nukleare Abschreckung will, wird es weit mehr brauchen als nur Raketen und Bomben, es braucht das Wissen, das Management und die politische Bereitschaft, diese Verantwortung zu übernehmen. Wie viele Tastenkombinationen braucht es eigentlich, um einen atomaren Konflikt abzuwehren? Und ist Europa wirklich bereit, dies zu beherrschen?

Gedanklich bleibt dem europäischen Kontinent in der gegenwärtigen geopolitischen Lage tatsächlich nichts anderes übrig, als die Flucht nach vorne zu suchen. Es geht nicht darum, ein Worst-Case-Szenario heraufzubeschwören, sondern darum, sich bewusst mit der Möglichkeit auseinanderzusetzen, dass Europas Handlungsfähigkeit in naher Zukunft entscheidend auf die Probe gestellt werden könnte. Die Welt verändert sich schneller als je zuvor, und die Herausforderungen, vor denen Europa steht, sei es durch geopolitische Spannungen, wirtschaftliche Turbulenzen oder interne politische Zerwürfnisse, sind nicht zu unterschätzen. Sich jedoch nur auf die Hoffnung zu verlassen, dass das schlimmste Szenario nicht eintreten wird, ist gefährlich. Es wäre fahrlässig, die Augen vor den Risiken zu verschliessen und zu hoffen, dass sich alles von selbst regelt. Vielmehr muss Europa pro-aktiv handeln, klare Strategien entwickeln und sich auf alle Eventualitäten vorbereiten. Das bedeutet nicht, ständig in Angst vor dem Schlimmsten zu leben, sondern vielmehr, durch vorausschauende Planung und klare Entscheidungen die Resilienz der Union zu stärken.

Die europäische Union muss jetzt mehr denn je zusammenhalten, sich in den Bereichen, die ihre Zukunft betreffen, entscheidend weiterentwickeln und ein starkes Fundament für kommende Krisen legen. Es geht darum, den institutionellen Handlungsrahmen zu stabilisieren, die wirtschaftliche Unabhängigkeit zu sichern und, wenn nötig, auch militärische und diplomatische Kräfte zu mobilisieren, um die geopolitische Relevanz Europas zu behaupten. Kurz gesagt, Europa darf nicht nur reagieren, sondern muss die Initiative ergreifen. Nur so kann der Kontinent sicherstellen, dass er nicht nur als passiver Beobachter auf der Weltbühne verweilt, sondern als aktiver, entschlossener Akteur, der seine Interessen und die seiner Bürger konsequent verteidigt.

Auch wenn das Worst-Case-Szenario nicht zwingend eintreten muss, ist es von entscheidender Bedeutung, sich auf dieses vorzubereiten, mit einer klaren Vision, einer starken Einheit und einem unerschütterlichen Willen, die europäische Idee zu bewahren und weiterzuentwickeln. Das muss aber auch der Öffentlichkeit, jeder einzelnen Bürgerin und jedem einzelnen Bürger klar gemacht werden. Es reicht nicht aus, dass politische Entscheidungsträger intern handeln und ihr Süpplein kochen. Alle sollten sich damit auseinandersetzen, warum eine starke und handlungsfähige Union mehr denn je notwendig ist und vor allem, warum auch alle mitsamt Teil dieses Prozesses sind.

Es geht darum, die Menschen aufzuklären, dass die Herausforderungen, vor denen Europa steht, nicht abstrakt sind, sondern direkte Auswirkungen auf ihren Alltag haben. Wirtschaftliche Instabilität, politische Polarisierung oder Sicherheitsbedrohungen betreffen die gesamte Bevölkerung. Die Art und Weise, wie Europa auf diese Herausforderungen reagiert, bestimmt die Zukunft der kommenden Generationen. Wenn die Völker Europas erkennen, dass der Zusammenhalt und die Handlungsfähigkeit der Union nicht nur ein politisches oder wirtschaftliches Ziel sind, sondern ihre persönliche Lebensqualität und Sicherheit direkt beeinflussen, wird auch die Bereitschaft zur Unterstützung dieser Prozesse steigen.

Politische Kommunikation spielt hierbei eine entscheidende Rolle. Es muss klar und transparent aufgetischt werden, warum Europa Entscheidungen trifft, welche Schritte notwendig sind und warum es manchmal schwierige, aber notwendige Massnahmen braucht, um die Union zu stärken. Der Dialog mit den Bürgerinnen und Bürgern muss auf Augenhöhe stattfinden, ihre Sorgen und Bedenken müssen ernst genommen werden, während gleichzeitig das Verständnis für die langfristigen Vorteile eines vereinten und handlungsfähigen Europas gefördert wird.

Ein weiterer Aspekt ist die emotionale Komponente. Es geht nicht nur um Fakten und Daten, sondern auch um das Gefühl der Zugehörigkeit und des gemeinsamen Engagements. Die europäische Idee muss von einer politischen Vision zu einem realen, greifbaren Ziel werden, für das sich jeder einsetzt. Nur so lässt sich sicherstellen, dass Europa als gesamteuropäische Gemeinschaft stärker aus Krisen hervorgeht und gleichzeitig die Solidarität und das Vertrauen der Bevölkerung behält.

Letztlich muss die Botschaft klar sein, dass Europa keine ferne Institution ist, sondern ein Projekt, das für alle von Bedeutung ist. Die Verantwortung, es zu gestalten und zu sichern, liegt in den Händen jedes einzelnen Bürgers. Nur gemeinsam, mit einem starken vereinten Europa kann man den globalen Herausforderungen begegnen und das Wohlstandsniveau sowie die Sicherheit für zukünftige Generationen bewahren.

9. WAS DENKT EUROPA DARÜBER?

Die Frage „Was denkt Europa darüber?" ist tiefgründig, denn sie verlangt nicht nur nach einer politischen oder ethischen Antwort, sondern auch nach einer Reflexion über die Identität Europas als Ganzes. Was macht es aus? Wie setzt sich seine Identität zusammen? Wer ist Europa wirklich? Wer definiert es und wer sind seine Träger?

Europa als geopolitisches Konstrukt und als Idee ist weit mehr als die Institutionen in Brüssel oder Straßburg. Es ist ein Kontinent, der sich über Jahrhunderte hinweg entwickelt hat, mit einer tief verwurzelten Geschichte, die von den antiken Griechen und Römern bis hin zu den politischen und sozialen Umwälzungen der letzten beiden Jahrhunderte reicht. Dennoch wird Europa nicht nur von politischen Eliten definiert, sondern auch von der europäischen Gesellschaft insgesamt, die sich aus verschiedenen Akteuren zusammensetzt.

In einem klassischen politischen Sinn könnte man Europa als die Union oder als die Gesamtheit der europäischen Länder betrachten. Aber die europäische Öffentlichkeit ist weit mehr als das. Wie gross ist der Einfluss dieser breiten europäischen Öffentlichkeit auf das, was als Europas Meinung oder Europas Denken verstanden wird?

Die europäische Gesellschaft ist ein bunter Mix, der sich über verschiedene soziale, kulturelle und politische Schichten erstreckt. Sie ist nicht nur von der Intelligentia oder den politischen Eliten geprägt, sondern auch von den breiten Bevölkerungsschichten den Arbeitern, den Unternehmern, den Studierenden, den Künstlern und vor allem der mittleren Klasse, die nicht fehlen darf, wie Europa in den Alltag der Menschen integriert wird.

In der Realität ist die politische Führung Europas häufig von einer bestimmten Elite geprägt, den politischen Entscheidungsträgern, Diplomaten, Experten und Akademikern, die die komplexen Entscheidungen über die

Zukunft der Union treffen. Diese Intelligentia hat in vielerlei Hinsicht das letzte Wort, doch ihre Entscheidungen müssen auch von der breiten Bevölkerung getragen werden, sei es durch Wahlen, Referenden oder die generelle veröffentlichte Meinung.

Ist die Intelligentia Europas tatsächlich im Idealfall Teil des Bürgertums? Das ist eine spannende Frage, denn im klassischen Sinne wird das Bürgertum oft als die bürgerliche Mittelschicht verstanden, jene, die sich durch wirtschaftliche Stabilität, Bildung und gesellschaftliche Verantwortung auszeichnen. Die Intelligentia hingegen umfasst die akademische und intellektuelle Elite, Wissenschaftler, Philosophen, Historiker und politische Denker, deren Perspektive oft von theoretischer Reflexion geprägt ist.

In einem idealen Europa, in dem alle gesellschaftlichen Gruppen aktiv an der Gestaltung ihrer Zukunft mitwirken, könnte man argumentieren, dass diese beiden Gruppen nicht getrennt, sondern vielmehr vereint sein sollten. Im besten Fall sind Intelligentia und Bürgertum einander näher, als man denken könnte. Beide agieren in einer sich entwickelnden Gesellschaft als eine Art Symbiose, indem sie sowohl praktisches Wissen als auch philosophische und politische Reflexion miteinander teilen. Eine Gesellschaft, in der Intellekt und praktische Lebensweise in einem ausgewogenen Dialog stehen, könnte als zukunftsfähig und resilient betrachtet werden. Doch in der Realität gibt es oft Spannungen zwischen diesen Gruppen, eine Kluft, die von der zunehmenden Entfremdung und dem Misstrauen gegenüber der politischen Elite verstärkt wird.

Jenseits des positiven politischen oder ethischen Geschmacks stellt sich Europa als ein Konstrukt dar, das zwischen Idealismus und Realpolitik hin- und hergerissen wird. Die politische Elite hat oft eine andere Agenda als die breiten Schichten. Wichtige politische Entscheidungen, wie etwa die Rolle der EU in globalen Konflikten oder bei der Migration, haben massive Auswirkungen auf den Alltag aller Bürger, aber nicht immer auf eine Weise, die direkt mit ihren eigenen Bedürfnissen oder Werten übereinstimmt. Europa als Institution scheint sich häufig in einer Balance zwischen den Forderungen von Institutionen und den realen Bedürfnissen der Menschen zu bewegen, was ein Gefühl der Entfremdung nicht verstecken kann.

Die Aufgabe für die Europäer besteht darin, die Kluft zwischen den Ebenen zu überwinden und eine kollektive Identität zu schaffen, die von allen Teilen der Gesellschaft mitgetragen wird. Europa ist nicht nur eine Bürokratie oder ein Markt, sondern eine Gemeinschaft von Menschen mit unterschiedlichen Erfahrungen und Perspektiven, die eine gemeinsame Zukunft teilen müssen.

Die Frage, wie man die Politik-Kriminellen, also jene, die nicht konstruktiv mitarbeiten, sondern durch obstruktives oder bösartiges Verhalten den Fortschritt blockieren, in den Griff bekommt, bevor sie eine Katastrophe auslösen, wird entscheidend sein. Es geht dabei nicht allein um

Korruption oder illegitimen Interessen, sondern auch um die Frage, wie man eine politische Kultur schafft, die Zusammenarbeit, Verantwortung und ethisches Verhalten unter einen Hut bringt, anstatt destruktives Verhalten zu tolerieren.

Es sollten Mechanismen zur Transparenz und Rechenschaftspflicht in der Politik etabliert werden, die es der Öffentlichkeit und den Kontrollinstitutionen ermöglichen, Fehlverhalten zu erkennen und dagegen vorzugehen. Ein weiterer wichtiger Schritt ist die Förderung einer politischen Kultur, die auf Zusammenarbeit, Konsens und Verantwortung basiert. Wenn der politische Diskurs von Negativismus, Hetze und Obstruktion bestimmt ist, verliert die Politik an Glaubwürdigkeit und wird als selbstbezogen oder wahrgenommen. Um diese Kultur zu ändern, müssen politische Akteure, Medien und die Öffentlichkeit sich dafür einsetzen, dass konstruktive Lösungen im Vordergrund stehen. Das bedeutet, dass auf der politischen Bühne mehr auf das Finden von Lösungen Wertgelegt werden muss, anstatt Probleme nur zu benennen und zu zergliedern.

Die Wählenden müssen sich bewusst für die Entscheidungsträger entscheiden, die ihre Verantwortung ernst nehmen, anstatt denen ihre Stimme zu geben, die nur den politischen Betrieb sabotieren. Dies setzt jedoch eine informierte und engagierte Wählerschaft voraus, die versteht, dass politische Blockaden und destruktives Verhalten langfristig ihren eigenen Lebensstandard und die gesellschaftliche Stabilität gefährden.

Ein weiterer wichtiger Schritt ist, den öffentlichen Diskurs zu fördern, in dem politisches Fehlverhalten aufgedeckt und hinterfragt wird. Medien und Journalisten spielen dabei eine Schlüsselrolle. Investigativer Journalismus und öffentliche Debatten sind notwendig, um auf politisches Fehlverhalten und Blockaden aufmerksam zu machen und diejenigen, die auf destruktive Weise agieren, zu entlarven. Eine von Think-Tanks und Evaluierungs-Agenturen gut informierte Öffentlichkeit kann als Druckmittel wirken, um Politiker dazu zu bringen, ihre Taktiken zu überdenken.

Die Bekämpfung von destruktivem Verhalten erfordert einen multidimensionalen Ansatz. Es braucht klare gesetzliche und institutionelle Massnahmen, die Sicherstellung von Transparenz und Rechenschaftspflicht, die Förderung einer konstruktiven politischen Kultur und die Bildung einer politisch engagierten und informierten Gesellschaft. Doch der entscheidende Schritt besteht darin, die Bedeutung von Verantwortung und Kooperation in der politischen Arbeit zu betonen, und diejenigen, die ausschliesslich destruktiv agieren, aus der Politik zu entfernen, sei es durch Wahlen, politische Sanktionen oder öffentliche Druckmittel.

10. VERTEIDIGUNGSBEREITSCHAFT

Die Vorleistung in der internationalen Zusammenarbeit besteht in der glaubwürdigen Bereitschaft zum effektiven Handeln. Glaubwürdigkeit entsteht durch konkrete, umsetzbare Schritte, die zeigen, dass ein Land oder eine Organisation tatsächlich bereit ist, Verantwortung zu übernehmen und zur Lösung gemeinsamer Probleme beizutragen. Es reicht nicht aus, nur Absichtserklärungen abzugeben. Die internationale Gemeinschaft erwartet, dass Zusagen auch in die Tat umgesetzt werden. Ob es um Friedenssicherung, Klimaschutz oder die Bekämpfung von Armut geht, das Handeln muss wirksam und nachhaltig sein. Andernfalls ist die Glaubwürdigkeit eines Landes oder einer Organisation in der Zusammenarbeit schnell untergraben.

In vielen Fällen ist die Bereitschaft, sich zu verteidigen, der entscheidende Faktor, um das Vertrauen anderer Länder zu gewinnen und zu sichern. Ein Land, das seine eigene Sicherheit und die seiner Verbündeten ernst nimmt, signalisiert nicht nur die Fähigkeit, sich selbst zu schützen, sondern auch die Bereitschaft, in Krisensituationen als verlässlicher Partner zu agieren. Verteidigungsbereitschaft ist nicht auf militärische Stärke beschränkt. Sie umfasst auch die Fähigkeit zur Kooperation in internationalen Sicherheitsfragen, wie etwa in Friedensmissionen oder bei der Bekämpfung transnationaler Bedrohungen wie Terrorismus und Cyberangriffe. Es geht also auch um diplomatische, wirtschaftliche und strategische Massnahmen, die die eigene Sicherheit und die Sicherheit der internationalen Gemeinschaft gewährleisten. Diplomatie ist ein Schlüsselmechanismus für die Aufrechterhaltung stabiler Allianzen, da sie das Vertrauen zwischen den Partnern stärkt.

In diesem Kontext ist es entscheidend, dass die Verteidigungsbereitschaft nicht als Isolationismus oder unilaterale Aggression verstanden wird, sondern als Teil eines kollektiven Sicherheitsansatzes, der auf Zusammenarbeit, Vertrauen und dem Schutz gemeinsamer Werte basiert. Wenn ein Land seine Verteidigungsbereitschaft mit dem Ziel einsetzt, die internationale Ordnung zu stabilisieren und Konflikte zu verhindern, wird es als verlässlicher Partner in der internationalen Zusammenarbeit wahrgenommen.

Trumps America-First-Ansatz betont ausschliesslich nationale Interessen und setzt damit auf Isolationismus und unilaterale Massnahmen, die das Vertrauen und die Zusammenarbeit mit traditionellen Verbündeten belasten. Beispiele dafür sind der Rückzug aus internationalen Abkommen wie dem Pariser Klimaabkommen oder dem Iran-Atomabkommen. Diese Entscheidungen führten zu einem Verlust an Glaubwürdigkeit in den Augen vieler Länder, die darauf vertrauten, dass die USA ihre internationalen Verpflichtungen ernst nehmen würden. Der Rückzug aus solchen Abkommen wurde als unberechenbar und als fehlende Bereitschaft zur Zusammenarbeit auf globaler Ebene erkannt. 2015 schloss die internationale Gemeinschaft ein Abkommen, um eine Atomstreitmacht Iran zu verhindern. Das Abkommen von 2015 wurde von den USA, den fünf ständigen Mitgliedern des UN-Sicherheitsrats Grossbritannien, Frankreich, Russland, China, USA und Deutschland sowie dem Iran unterzeichnet. Ziel war es, den Iran davon abzuhalten, Atomwaffen zu entwickeln, indem es die Urananreicherung des Landes auf ein niedriges Niveau beschränkte und das internationale Überwachungs- und Inspektionssystem der Internationalen Atomenergiebehörde gestärkt wurde. Im Gegenzug wurden wirtschaftliche Sanktionen gegen den Iran gelockert. Seit Trumps Ausstieg aus diesem Pakt, stiegen die Uran-Anreicherungsversuche des Iran drastisch an und gelangten bis knapp vor die atomare Waffentauglichkeit.

Insofern zeigt dieses Beispiel, wie der Rückzug aus einem multilateralen Abkommen und das Fehlen eines glaubwürdigen Engagements für effektives Handeln die Eskalation eines geopolitischen Problems beschleunigt. Die internationale Zusammenarbeit wurde durch Trumps Entscheidung untergraben, was nicht nur das Vertrauen in die USA beschädigte, sondern auch die weltweite Sicherheitslage verschärfte.

Die Haltung Trumps, infrage zu stellen ob die USA weiterhin verpflichtet wären, ihre Verbündeten im Rahmen des Verteidigungsbündnisses zu unterstützen, schadete nicht nur der Glaubwürdigkeit der USA als verlässlicher Partner, sondern auch dem Vertrauen innerhalb der NATO. Die Trump'sche Außenpolitik untergrub die Verteidigungsbereitschaft im globalen Kontext und beeinträchtigte das Vertrauen in die Fähigkeit und die Bereitschaft der USA, auf globaler Ebene zusammenzuarbeiten und Verantwortung zu übernehmen. Dies massierte sich in einem Gefühl der Unsicherheit bei vielen internationalen Partnern.

Europa steht nun einerseits vor Verantwortung für die eigene Sicherheit und die globale Ordnung zu übernehmen und andererseits nicht in passive Feigheit oder Duckmäusertum vor den machtbesessenen geopolitischen Akteuren wie Russland, China oder den USA zu verfallen. Es ist eine schwierige Balance, sich nicht einschüchtern oder erpressen zu lassen. Das bedeutet, dass Europa in der Lage sein muss, in Bezug auf Russland, China und die USA eine klare Linie zu ziehen, die sowohl die Verteidigung der eigenen Interessen als auch die Wahrung universeller Werte umfasst. Dies könnte durch verstärkte Kooperationen mit Partnern wie Kanada, Australien oder Japan erfolgen, um eine gemeinsame Front gegenüber autoritären Tendenzen weltweit zu bilden.

Ein wichtiger Punkt für Europa wird sein, nicht in eine zu starke Abhängigkeit von einem einzigen geopolitischen Akteur zu geraten, weder von den USA noch von Russland oder China. Europa muss eine strategische Unabhängigkeit entwickeln, die sowohl militärische als auch wirtschaftliche Dimensionen umfasst.. Dies bedeutet, dass Europa langfristig in die eigene Verteidigung investieren mussund auch in Bezug auf Technologien, Handel und Energieversorgung nicht zu stark auf einzelne Akteure angewiesen sein darf.

Das mag wie ein Widerspruch klingen, doch ist es wichtig, beides zu kombinieren, europäische Werte und pragmatische Realpolitik. Europa muss sich treu bleiben und gleichzeitig realistisch und flexibel auf sich wandelnde geopolitische Gegebenheiten reagieren. Dabei wird es nicht immer einfach sein, den richtigen Mittelweg zwischen moralischer Integrität und den Notwendigkeiten der Diplomatie zu finden.

In der Beschwichtigungs-Diplomatie wird oft übersehen, dass der Versuch, Konflikte durch endlose Kompromisse oder das Ausweichen vor schwierigen Gesprächen zu entschärfen, langfristig viel gefährlicher ist, als frühzeitig klare Grenzen zu ziehen und Position zu beziehen. In der internationalen Politik hat der gute Wille, Konflikte zu vermeiden, oft die ungewollte Konsequenz, dass sich

Spannungen anstauen und zu einem späteren Zeitpunkt eskalieren.

Diplomatische Zurückhaltung, um die Friedenstaube zu wahren, hat ihre Berechtigung. Wenn man darauf bedacht ist, dem anderen Land nicht zu nahe zu treten, um dessen Gesicht zu wahren oder den Konflikt nicht unnötig zu verschärfen, dann wird der Gegner möglicherweise dazu angeregt, diese Zurückhaltung als Schwäche zu interpretieren und die Appeasement Variante geht nach hinten los. Man könnte fast sagen, dass das ständige Zögern und Ausweichen bei brisanten Themen wie ein blanker Freifahrtschein wirkt, der den anderen ermutigt, weiter zu provozieren oder die eigenen Interessen auf Kosten des Gegenübers durchzusetzen.

Ein klassisches Beispiel war der Kalte Krieg, der viele Jahre des diplomatischen Zögerns und der vorsichtigen Annäherung hatte, aber auch das Gefühl, dass der eine oder andere Gegner mit Sanftheit gewonnen werden könnte. Das Problem entstand, dass während dieser Zeit strategische Positionen verfestigt, Konflikte aufgeschoben und Gegensätze verhärtet wurden. Bis die Welt dann plötzlich im schlimmsten Fall in den heissen Krieg taumeln konnte, wenn man eben nicht in der Lage war, rechtzeitig klare Botschaften zu senden.

Es geht nicht darum, in jeder Situation mit einer Keule zu drohen, sondern die richtige Balance zu finden. Diplomatie kann ruhig und respektvoll bleiben, aber gleichzeitig muss sie durchsetzungsfähig und deutlich in ihrer Kommunikation sein. Ein „Nein" sollte genauso ernst genommen werden wie ein „Ja", und ein klares „Nicht mit uns" kann mehr zur Friedenssicherung beitragen als ein schwammiges „Vielleicht irgendwann". In der Klarheit liegt die Sicherheit.

Und es darf nicht bei Lippenbekenntnissen bleiben. In einer zynischen Betrachtung würde Europa, das in einer zunehmend multipolaren Welt keine klare Haltung mehr einnimmt, entweder zum politischen Zuschauer oder zum Spielball der Grossmächte degradiert. In einem solchen Szenario könnte die europäische Idee von einer Union der Werte und der Zusammenarbeit weitgehend in den Hintergrund treten. Europa würde sich in einen geopolitischen Nebenakteur verwandeln, der nicht mehr in der Lage ist, die Weltordnung aktiv mitzugestalten.

Es geht in der globalpolitischen Auseinandersetzung nicht nur darum, die richtigen Worte zu finden, sondern diese Worte mit konkreten Taten zu unterfüttern. Die internationale Gemeinschaft hat längst erkannt, dass es vor allem auf Handlungen ankommt, nicht auf leere Versprechungen. Wenn Europa nur in Absichtserklärungen verharrt und nicht konsequent handelt, verliert es schnell seine Glaubwürdigkeit und seinen Einfluss. Europa muss den Mut und die Entschlossenheit haben, seine Prinzipien durch konkrete, oft auch schwierige, Handlungen zu untermauern.

Der zu Beginn 2025 rasch abgehaltene EU-Gipfel in Brüssel offenbarte ein gemischtes Bild hinsichtlich der Entschlossenheit und Geschlossenheit der europäischen Mitgliedsstaaten. Ein bemerkenswerter Streitpunkt war die Weigerung Ungarns, den russischen Angriffskrieg auf die Ukraine zu verurteilen. Ministerpräsident Orbán blockierte eine entsprechende Erklärung, was die Einigkeit der EU in dieser zentralen Frage in ein schwaches Licht versetzte.

Dennoch zeigten die 27 Regierungschefs eine bemerkenswerte Einigkeit in Bezug auf die Aufrüstung Europas. Unterstützt von der EU-Kommissionspräsidentin beschlossen sie, in den folgenden vier Jahren 650 Milliarden Euro für die Verteidigung auszugeben und einen zusätzlichen Fonds von 150 Milliarden Euro aufzulegen. Diese Mittel sind gedacht, die Verteidigungsfähigkeit der EU zu stärken, strategische Abhängigkeiten zu verringern und die europäische Verteidigungsindustrie auf Vordermann zu bringen.

Wenn sich das ganze europäische „Theater" als eine langsam dahin kriechende Schimäre herausstellt, also als etwas, das mehr Illusion als Realität ist, dann wäre das wohl ein noch viel düstereres Bild der EU als das, was ab und zu aufscheint. Statt einer dynamischen, einheitlichen Gemeinschaft, die in der Lage ist, auf globale Herausforderungen entschlossen zu reagieren, könnte sich die EU als eine langsame, zögerliche und übermässig bürokratische Institution entpuppen, die selbst bei den dringendsten Krisen in internen Diskussionen und parteipolitischen Spielchen festhängt.

In dieser Vorstellung würde die EU eher als Geister-Gemeinschaft erscheinen, die nicht die nötige Entschlossenheit aufbringt, um auf die wirklich brennenden Themen der Weltbühne zu reagieren. Ihre Macht und ihr Einfluss würden sich mehr und mehr in Rauch auflösen und eine Schimäre darstellen, die zwar im politischen Diskurs existiert, aber keine wirkliche Substanz hat, konkrete Veränderungen zu bewirken.

Damit hätte die EU ihre idealistischen Prinzipien wie Frieden, Stabilität und Wohlstand nicht nur verpasst, sondern im Meer aus uneinigen Mitgliedstaaten und stillgestandenen Reformprozessen ertränkt. Anstatt das Projekt Europa als ein leuchtendes Beispiel für Zusammenarbeit und Integration zu präsentieren, könnte sich zeigen, dass die EU mehr in ihrer eigenen Selbstwahrnehmung gefangen ist, als in der Fähigkeit, tatsächlich zu handeln.

Man könnte sich fragen, was aus einer solchen Schimäre bliebe. Vielleiht eine Art bürokratisches Apparate-Konstrukt, das darauf beharrt, grösser und wichtiger zu sein, während es gleichzeitig in der Realität immer weiter auseinanderfällt. Dann wird es zunehmend eine frustrierende Frage an die Bürger. Wenn Europa nicht in der Lage ist, sich zu einigen und zu handeln, wo bleibt die politische Kraft, die diese Schimäre durchbricht?

Vielleicht ist die eigentliche Lektion, dass die EU sich weg von der trägen Bürokratie und hin zu einer flexibleren, entschlosseneren Union weiter entwickeln muss , die in der Lage ist, zu agieren, anstatt immer wieder in den eigenen Diskussionen zu ersticken. Ansonsten könnte das Theaterstück tatsächlich in einer Farce enden. Europa würde sich in der immer tiefer werdenden Schimäre verlieren.

Dies brächte den Völkern des Kontinents tatsächlich eine dramatische und schmerzhafte Verkettung von Leiden. In einem Szenario, in dem die Union ihre Verantwortung für eine stabile, autonome und wertebasierte internationale Ordnung nicht übernimmt und stattdessen in eine immer stärkere Abhängigkeit von aussen gerät, wird das Vertrauen in die europäische Idee und ihre Institutionen vollkommen schwinden. Letztlich könnten die europäischen Bürger als die wahren Verlierer dieser Entwicklung dastehen, da sie von einer geopolitischen Ohnmacht befallen wären. Die politischen und sozialen Konsequenzen wären nicht aufzuhalten.

Besonders für die wirtschaftlich schwächeren Länder könnte dies verheerende Auswirkungen haben.

Gezwungen, sich den wirtschaftlichen Interessen anderer zu beugen, wäre die Union als Ganzes nicht mehr in der Lage zu einer fairen Verteilung von Wohlstand.

Stattdessen würde die Union als eine Art Instrument für wirtschaftliche Unterdrückung fungieren, das den Reichtum der Mächtigen vergrössert, während die Völker selbst in Armut oder Unsicherheit verfallen.

In einem solchen Szenario bekommen die Völker Europas die Ketten der Abhängigkeit, der Unfreiheit und der Demütigung zu spüren. Es wäre das Ergebnis einer Union, die ihre eigene Handlungsfähigkeit verloren hat und einer Politik, die es versäumt hat, die Menschen zu schützen und die europäische Wertegemeinschaft zu verteidigen.

Statt eines Kontinents, der eine aktive Rolle in der Gestaltung der globalen Zukunft spielt, leben die Menschen dann in einem Umfeld, wo ihre Stimme kaum gehört wird. Ihre Rechte und ihre Sicherheit werden zunehmend von den Interessen anderer bestimmt.

Ob sich die europäischen Völker der vollen Tragweite ihrer gegenwärtigen Lage und der möglichen Folgen einer Unfähigkeit der Europäischen Union bewusst sind, ist eine vielschichtige Frage. Es gibt in Europa eine breite Bandbreite an Bewusstsein und politischer Wahrnehmung für die Faktoren Bildung, politische Orientierung und Medienkonsum. In den zentraleren Mitgliedsstaaten Deutschland, Frankreich und den Niederlanden gibt es bisweilen ein stärkeres Bewusstsein für die Rolle der EU als globaler Akteur. Diese Länder sind sowohl wirtschaftlich als auch politisch stärker in die europäische Union integriert und erkennen die EU als Instrument, um ihre Interessen auf globaler Ebene zu vertreten. In diesen Ländern wird das Bewusstsein für die geopolitische Bedeutung der EU und die Notwendigkeit einer starken, einheitlichen Aussenpolitik eher anerkannt.

In den östlichen und südlichen Mitgliedsländern sind die Wahrnehmungen oft stärker von der Erfahrung der jüngeren Geschichte geprägt, etwa durch den Übergang von autoritären Regimen zu Demokratien. Sie schätzen die EU als Schutz vor externen Bedrohungen und als Garant für demokratische Stabilität. Hier kann das Bewusstsein für die Notwendigkeit einer starken EU aus geopolitischer Sicht sehr hoch sein, jedoch gibt es eine gewisse Kluft, insbesondere in Ländern, in denen nationale Interessen als wichtiger erachtet werden als die gemeinsamen europäischen Werte.

In den kleineren, weniger zentralen Ländern der EU, wie etwa Irland oder Griechenland, gibt es manchmal ein differenziertes Bild von Europa, das stärker auf nationale Interessen fokussiert ist. Hier kann das Bewusstsein für die geopolitische Rolle der EU oft weniger ausgeprägt sein, insbesondere wenn das Gefühl von Sicherheit und Wohlstand innerhalb der Union als gegeben angesehen wird. Doch auch in diesen Ländern gibt es wachsende

Sorgen über den Verlust von freier Souveränität und die wachsende Abhängigkeit von ungeliebten Akteuren, vor allem wenn die politische und wirtschaftliche Schieflage zunimmt.

In diesem Kontext wird das Bewusstsein über die geopolitische Unsicherheit und die möglichen langfristigen Folgen einer schwachen, handlungsunfähigen EU manchmal als zu abstrakt angesehen, um eine grosse Rolle im politischen Diskurs zu spielen. Stattdessen wird der Fokus auf unmittelbare nationale Interessen gelegt, ohne die breiteren geopolitischen Implikationen zu betrachten. Populistische Parteien nutzen diese Unzufriedenheit, um das Bild einer Union zu zeichnen, die den Völkern schadet, anstatt sie zu schützen, was das Empfinden von Europas geopolitischem Einfluss verzerrt.

Ein weiterer wichtiger Faktor ist, dass Bürger der EU nicht tiefgehend über die geopolitischen Implikationen der aktuellen politischen Lage informiert sind. In manchen

Ländern gibt es wenig intensive Diskussionen über die europäische Aussenpolitik oder die langfristigen Risiken einer politisch schwachen Union. Dort sind die Menschen zu sehr auf die alltäglichen sozialen Herausforderungen fokussiert. Sie haben nicht das Gefühl, dass geopolitische Fragen eine unmittelbare Rolle in ihrem Leben spielen. Politische Apathie und Desinteresse an der komplexen globalen Lage sind die Folge.

Der Einfluss der Medien auf die Beurteilung geopolitischer Fragen hält sich in Grenzen. Oftmals beschränken sich die Medienunternehmen auf nationale und kurzfristige Themen, ohne auf die langfristigen geopolitischen Herausforderungen einzugehen. Das verstärkt die Unkenntnis über die realen Verhältnisse und schwächt das Gesamtbild einer in vollem Umfang agierenden Union.

Auf der anderen Seite gibt es eine wachsende Zahl von Europäern, die die geopolitischen Unsicherheiten erkennen und sich zunehmend Sorgen machen, dass

Europa in einer Welt von autoritären Regimen und globalen Spannungen seine Position als Wertegemeinschaft und als souveräner Akteur verlieren könnte. Diese Sorgen werden durch Ereignisse wie der Überfall auf die Ukraine, die Herausforderungen des Klimawandels oder die zunehmende geopolitische Macht von China verstärkt. Die jüngsten geopolitischen Entwicklungen haben tatsächlich zu einem wachsenden Bewusstsein für die Notwendigkeit einer geeinten und handlungsfähigen Europäischen Union geführt. Europa steht 2025 vor einer der grössten Herausforderungen seiner Geschichte und muss sich in der neuen Weltordnung neu positionieren. Die andauernde Krise im Roten Meer, die Entstehung eines neuen Eisernen Vorhangs entlang der NATO-Ostflanke und die schwankenden Machtverhältnisse im Nahen Osten und Nordafrika üben Druck auf europäische Volkswirtschaften aus. Europa droht im Vergleich zu den USA und China wirtschaftlich und geopolitisch ins Hintertreffen zu geraten. Das bisherige europäische Geschäftsmodell funktioniert nicht mehr so wie gewünscht. Die Schwäche der eigenen Verteidigungspolitik stellt Europa vor eine fundamentale Zerreissprobe. Es wird erkannt, dass zu viel Fokus auf Gipfeltreffen allein nicht ausreicht.

Es lässt sich also sagen, dass ein Bewusstsein für die geopolitischen Herausforderungen, denen Europa gegenübersteht und für die möglichen Folgen in der Bevölkerung vorhanden ist, aber oft in unterschiedlichem Masse und je nach Kontext. Während einige Länder und Bevölkerungen die Gefahren klar erkennen, gibt es in anderen Teilen Europas eine erhebliche Unwissenheit oder eine Tendenz, die langfristigen Auswirkungen der aktuellen EU-Politik zu vernachlässigen. Das Bewusstsein für diese Risiken könnte noch weiter wachsen, wenn Europa nicht in der Lage ist, auf die zunehmenden globalen Herausforderungen entschlossen zu reagieren.

Wenn Europa seine politische Handlungsfähigkeit verliert, in wirtschaftliche Abhängigkeit versinkt und die Völker in einem Meer der Unfreiheit und Demütigung treiben, dann könnte das Ergebnis eine wahre Meisterklasse in politischer Tragikomödie werden. Eine Geschichte, in der der Kontinent der Freiheit und Demokratie zu einem kuriosen bürokratischen Marionettentheater wird, in dem die Strippen aus Peking, Moskau und Washington gezogen werden. Die Demütigung wäre in diesem Fall nicht nur politisch, sondern auch existenziell, als eine Zivilisation, die ihre eigene politische Unabhängigkeit und Werte nicht mehr aufrechterhalten kann. Das Ganze könnte ein erschreckendes Beispiel für die Ironie der Geschichte sein. Ein Kontinent, der sich einst als Wegbereiter des politischen Fortschritts sah, wird nun selbst zum Opfer seiner eigenen geopolitischen Fehler.

Die abnehmende Verteidigungsbereitschaft unter den jungen Generationen in Europa ist ein besorgniserregendes Phänomen mit tiefgreifenden gesellschaftlichen und politischen Implikationen. Viele junge Menschen scheinen die Bedeutung von Sicherheit und Verteidigung nicht mehr als vorrangig zu erachten. Viele haben schreckliche Angst, ihren Job zu verlieren, unter die Inflationsschraube zu geraten, einmal zu wenig Pension ausbezahlt zu bekommen, um den verdienten Urlaub umzufallen, aber wenn es darum geht, das blanke Leben vor irgendwelchen Angriffen zu schützen, ihre allgemeinen Güter der Energieversorgung, der Verkehrsstrukturen der öffentlichen Einrichtungen wie Kindergärten, Schulen oder Spitäler zu verteidigen, kneifen sie. Sie tun dies, weil sie es nicht für akut wahrhaben wollen. Fahrlässig schieben sie die Realität beiseite, die doch über all den Sekundär-Praktiken stehen sollte. Diese Generation hat weniger direkte Erfahrungen mit Konflikten oder Kriegen gemacht, was zu einer Entfremdung von den Themen Sicherheit und Verteidigung führt. Zudem gibt es eine starke Betonung auf soziale Gerechtigkeit und Umweltfragen, die oft als vorrangiger angesehen werden als militärische Belange.

Die gesellschaftliche Wahrnehmung von Sicherheit hat

sich verändert. Wachsen junge Menschen heute wirklich in einem gedanklichen Umfeld auf, das erfolgreich Schein-Welten vorgaukelt? Diese Bedingungen können die Ursache dafür sein, dass die Bedeutung einer robusten Verteidigung infrage gestellt wird. Zudem behandeln die meisten links gefärbten Bildungssystemen das Thema Sicherheitspolitik nur unzureichend, was für den Mangel an Verständnis für die Komplexität der tatsächlichen Situation verantwortlich ist. Ohne fundiertes Wissen über die Rolle von Verteidigung und Sicherheit in der Gesellschaft sind junge Menschen wenig geneigt, sich mit diesen Themen auseinanderzusetzen.

Letztlich wird es wichtig sein, dass die Gesellschaft als Ganzes erkennt, dass Sicherheit ein gemeinsames Anliegen ist, das alle Bürger betrifft. Nur durch eine aktive Auseinandersetzung mit diesen Themen werden die Generationen angeleitet, die Verantwortung für ihre Gesellschaft zu übernehmen. Statt sich Gedanken darüber zu machen, wie man gegen einen Aggressor ankämpft, machen sie sich eher Gedanken über die Frage, wie man das Leben als Instagram-Influencer optimal führt. Aber die Vorstellung, dass all das unter der Schirmherrschaft eines militärischen Angriffs verloren gehen könnte, scheint zu weit hergeholt, als dass man sich darüber ernsthafte Gedanken machen würde.

Verteidigung ist lebensnotwendig. Zuerst muss man überhaupt leben können, um etwas anderes zu tun. Dann ist es vielleicht auch notwendig, in anderen Segmenten den Gürtel enger zu schnallen. Verteidigung ist ein grundlegendes Bedürfnis, um überhaupt in einer sicheren Umgebung leben zu können. Ohne diese fundamentale Sicherheit würde alles andere, Wirtschaft, Bildung, Kultur ins Wanken geraten. Wenn die Existenz bedroht ist, bleibt wenig Raum für Wachstum oder Weiterentwicklung. In diesem Sinne ist die Priorität der Verteidigung eine Frage des Überlebens.

In Krisenzeiten oder angespannten politischen Situationen

könnte es notwendig werden, dass Staaten ihre Ausgaben umschichten. Soziale Programme oder kulturelle Investitionen könnten zugunsten einer verstärkten sicherheitspolitischen Strategie zurückgestellt werden. Dies ist nicht nur eine praktische Entscheidung, sondern auch eine, die tief in den Prinzipien von Prioritäten und langfristiger Überlebensfähigkeit verwurzelt ist. Es geht trotzdem darum, sich nicht nur für das Jetzt zu verteidigen, sondern auch für die Zukunft zu investieren, sowohl in die Verteidigung als auch in die anderen Aspekte, die das Leben lebenswert machen.

Bleibt denn wirklich nur die traurige Erkenntnis, dass die Gesellschaft in ihrer Überzeugung von Wohlstand und Komfort auf einem Haufen von Pappe sitzt? Das Bewusstsein für Sicherheit ist dabei etwa so relevant wie ein verstaubtes Relikt aus der Zeit, als man noch glaubte, dass ein Krieg hierzulande unmöglich sei. Es scheint die allgemeine Meinung zu beruhigen, dass es sicher noch Zeit für ein letztes TikTok-Video gibt, wenn es brenzlig werden sollte.

Sicherheit und Verteidigung bedingt die Ausgangsposition: „wehrt euch von allem Anfang an". Hätte man dies bereits bei der Annexion der Krim beachtet, wäre vielleicht vieles erspart geblieben. Hätte die internationale Gemeinschaft oder die betroffenen Staaten von Anfang an eine entschlossene und vereinte Haltung gegenüber dieser Aggression eingenommen, also "sich von allem Anfang an gewehrt", dann hätte dies möglicherweise den Verlauf der Ereignisse verändert.

Die Zurückhaltung und die anfängliche Unentschlossenheit, angemessen auf die Annexion zu reagieren, haben dazu beigetragen, dass eine klare rote Linie verschwommen wurde und der Eindruck entstand, dass solche geopolitischen Aggressionen ohne gravierende Konsequenzen bleiben könnten. Die Soft-power-Reaktionen, wie Sanktionen und diplomatische Proteste waren zwar wichtig, aber sie scheinen nicht genug gewesen zu sein, um den aggressiven Kurs Russlands zu stoppen. Die Idee, sich von Anfang an zu wehren, bedeutet nicht nur, in einem militärischen Kontext zu handeln, sondern auch, politische, wirtschaftliche und diplomatische Mittel entschlossener und koordinierter zu nutzen. Es geht um Prävention und die konsequente Verteidigung von Prinzipien wie territorialer Integrität und souveräner Unabhängigkeit.

Europa hat in den letzten Jahrzehnten in einigen Bereichen der militärischen und sicherheitstechnologischen Entwicklungen eine deutliche Lücke im Vergleich zu anderen globalen Mächten, insbesondere den USA und China und muss dringend aufholen, um seine Sicherheitsarchitektur zukunftsfähig zu machen. Es ist nicht nur eine Frage der Menge, sondern auch der Qualität und Integration moderner Technologien, die für die heutige Kriegsführung und Abschreckung entscheidend sind.

11. DAS SPIEL DER AUTOKRATEN

Der rücksichtsloseste Autokrat der Welt regiert im Kreml. der „König der Unantastbarkeit", der den Kreml wie ein persönliches Schloss betrachtet, in dem er sich die Macht gemütlich einrichtet und niemand ihm so schnell die Tür zeigen kann. Putin hat Änderungen erzwungen, die ihm eine unbegrenzte Amtszeit ermöglichen. Kritiker sehen in dieser Art der Regierung ein Zeichen für die autoritäre Herrschaft, die wenig Raum für politische Opposition lässt. Unter Putins Herrschaft wurden unabhängige Medien in Russland unterdrückt, geschlossen und Journalisten gesperrt. Der Kreml hat oppositionelle Stimmen und Aktivisten verfolgt. Berühmte Fälle wie der Mord an Journalistin Anna Politkowskaja oder die Inhaftierung und Tötung von Alexej Nawalny werfen Fragen zur Pressefreiheit und der Gewaltenteilung auf.

Russlands militärische Interventionen 2008 in Georgien,

2014 und 2022 in der Ukraine haben vorerst internationales Misstrauen ausgelöst und nur wenig taugliche Gegenmaßnahmen. Die Annexion der Krim und der militärische Überfall auf die Ukraine wurden von vielen Ländern als Verletzung des Völkerrechts eingestuft. Auf Nebenschauplätzen gibt es zahlreiche Berichte und Beweise, dass Russland unter Putin in die politischen Prozesse anderer Länder eingegriffen hat. Die russische Regierung wird beschuldigt, in Wahlen in westlichen Demokratien durch Cyberangriffe, Desinformation und Unterstützung von extremen politischen Kräften zumindest indirekt eingewirkt zu haben. Russland unter Putin hat wiederholt Menschenrechtsverletzungen an der ukrainischen Zivilbevölkerung, inklusive Kindesentführung, Folter und Mord begangen. Die Verfolgung von Oppositionellen, die Unterdrückung von Minderheiten und die aggressive Außenpolitik verstärkten die Skepsis gegenüber Putin. Russland verfolgt eine Politik, die darauf abzielt, seinen Einfluss in ehemaligen Sowjetstaaten und darüber hinaus auszubauen, was von Nachbarländern und westlichen Staaten als Bedrohung wahrgenommen aber zu schwach konterkariert wird.

Die Drohpotenziale, die von Wladimir Putin und der russischen Regierung ausgehen, sind in der Tat allen bekannt und spielen eine bedeutende Rolle in der geopolitischen Wahrnehmung und den internationalen Beziehungen. Regelmäßig hat er seine militärische Stärke ins Fenster gestellt, einschließlich der Androhung, nukleare Waffen einzusetzen. Unter seiner Führung wurden Russlands Atomwaffen modernisiert. Immer wieder drohte er mit der Entwicklung neuer Nuklearwaffen mit hyperschallgelenkten Raketen. Damit nutzt er seine militärische und politische Einflussnahme in verschiedenen Regionen der Welt, um seine Machtposition zu sichern. Beispiele sind die Unterstützung von autoritären Regimen in Syrien, Venezuela oder Belarus sowie die Aufzucht von Separatisten in der Ostukraine. Diese Drohpotenziale sorgten für Spannungen und Ängste, da viele Länder, besonders im Westen, die langfristige

Strategie und Absichten Russlands unter Putin als destabilisierend und konfrontativ sahen. Die Kombination aus militärischer Stärke und politischer Einflussnahme macht Russland zu einem ernst zu nehmenden Akteur in der internationalen Arena.

Wie sieht es auf der anderen Seite seit neuestem aus? Auch US Präsident D. Trump hat wiederholt das Vertrauen in grundlegende demokratische Institutionen untergraben. Ein besonders markantes Beispiel ist seine Weigerung, die Ergebnisse der Präsidentschaftswahl 2020 anzuerkennen und die Falschbehauptungen über Wahlbetrug, die er unablässig verbreitete. Er veranlasste den "Sturm auf das Kapitol" am 6. Januar 2021, bei dem seine Anhänger versuchten, die Wahlzertifizierung zu verhindern. Trumps Angriffe auf die Unabhängigkeit der Justiz, wie seine Versuche, Ermittlungen gegen ihn zu beeinflussen, hat das Vertrauen in den Rechtsstaat erschüttert.

Es gab zahlreiche Vorwürfe der Korruption und Interessenkonflikte auch im Zusammenhang mit seinen Geschäften und dem Einfluss, den seine Familie und seine Unternehmensgruppe auf die politischen Entscheidungen gehabt haben. Schliesslich wurde er dafür bekannt, dass er geheime Informationen privat zurückhielt. Seine enge Beziehungen zu den autokratischen Führern Wladimir Putin, Kim Jong-un und anderen unterstreichen wie er autoritäre Regime hofiert und dabei die Werte der Demokratie und Menschenrechte ignoriert.

Die stark veränderte geopolitische Lage schafft für Europa eine Art Zangengefühl, in dem Europa zwischen den Grossmächten Russland und den USA, aber auch im Kontext mit Chinas Aktivitäten geraten ist. Die Handlungsfähigkeit Europas wird nur durch eine gemeinsame Aussen- und Sicherheitspolitik sowie durch einen koordinierten Ansatz in Bezug auf wirtschaftliche Beziehungen, Verteidigung und Handelsstrategien gesichert werden.

Die russische Führungsschicht, jener erhabene Zirkel, der von einem quasi gottgleichen Verständnis für geopolitische Manöver lebt, blickt mit einer bewundernswerten Mischung aus Häme und Gelassenheit auf die westlichen Chaoten im Weissen Haus zu Washington. Und wer könnte den Geschmack in einem Moment wie diesem besser geniessen als der Kreml, wenn er das bunte Schauspiel der Trump'schen Eskapaden beobachtet. Wladimir Putin lehnt sich in seinem ledernen Sessel zurück, ein unsichtbares Grinsen im Gesicht, während er auf die neuesten Twitter-Nachrichten von Donald Trump starrt, die wieder einmal das politische Weltbild seines demokratischen Landes erschüttern. Man könnte fast den Eindruck gewinnen, dass der russische Präsident, statt die Sorgen eines Krieges zu wälzen, in diesem Moment mehr den reifen Apfel geniesst, wenn er die Dummheiten aus der US-Welt kostet.

Putin goutiert möglicherweise Trumps internationale

Politik als einen einzigartigen Dilettantismus, der den gesamten westlichen Politikbetrieb auf seine ganz eigene Weise in den Wahnsinn treibt. Die russische Führung schmunzelt nicht nur über die unberechenbaren Twitter-Ausbrüche und die undurchsichtigen Manöver Trumps, sie nutzt sie auch als eine Art spassige, wenn auch beunruhigende Ablenkung von den eigenen geopolitischen Zielen.

Trump, dieser bizarre Spielball der amerikanischen Politik, wird in den Kreisen des Kremls allenfalls wie ein unwilliger Clown betrachtet. Kein Zweifel, die ironische Freude über dessen Alleingänge wird als eine Art glückliches Durcheinander interpretiert, das es dem Kreml erlaubt, im Hintergrund seine eigenen Pläne weiter zu verfolgen. Im Weissen Haus ist ein Mann, der die Welt mehr durcheinanderwirbelt als alles andere und die russischen Strategen geniessen die Vorstellung, dass der amerikanische politische Betrieb von einem Chaoten dirigiert wird.

Trump sollte nach den Traumvorstellungen der Kreml-Akrobaten, wirklich öfter golfen gehen und den Rest ihnen überlassen. Der Duft der Häme hängt in der Luft, während man sich gleichzeitig von einem abenteuerlichen Dilettanten leiten lässt. Während der Westen sich in eigenen Konflikten verstrickt, können die Kreml-Oberen ruhig und genüsslich dem nächsten Akt dieses politischen Dramas beiwohnen. Trumps America-First-Politik wird in Moskau vielleicht sogar in „Russland zuerst"-Politik umformuliert. Vielleicht erhält er eines Tages einen russischen Preis für seine Bemühungen um die nationale Souveränität.

Während politische Feindseligkeiten, die in der Vergangenheit mit der Schärfe eines Dolchs ausgetragen wurden, scheint Trump beinahe zu einem unfreiwilligen Verbündeten in den Augen des Kremls geworden zu sein. Der Mann an der Spitze des Weissen Hauses wurde auf mysteriöse Weise zu einer Marionette in einem globalen

Theaterstück, in dem der wahre Regisseur hinter den Kulissen, ganz in russischer Tradition, das grosse politische Schachbrett steuert. Der Trump Award für nationale Souveränität würde wohl in Moskau ein umjubeltes Ereignis sein, vielleicht eine Goldmedaille, die Trump symbolisch verliehen wird für seine bemerkenswerte Fähigkeit, Amerika aus dem internationalen Dialog zu isolieren und gleichzeitig den russischen Einfluss auf der Weltbühne zu vergrössern.

Das Schauspiel könnte eine unvorhergesehene Wendung nehmen, wenn dieser amerikanische Narzisst plötzlich Lunte riecht. Es ist ein gefährliches Spiel, bei dem man sich nie sicher sein kann, wann der wilde Tiger in ihm erwacht. Wenn Trump erst einmal den Geruch von Bedrohung in der Luft wahrnimmt, könnte es durchaus sein, dass etwas eintritt, was Trump dem ukrainischen Präsidenten Selenskyi vorwarf: „Sie spielen sich mit dem 3. Weltkrieg". Es könnte sich plötzlich wie ein dunkles Omen anfühlen. Wer die amerikanische Politik verfolgt hat, weiss, dass

Trump jederzeit in der Lage ist, die Bühne zu betreten und mit einem seiner berühmten, provozierenden Tweets einen internationalen Konflikt zu entzünden oder ihn zumindest zu verschärfen.

Wo Putin vielleicht mit kühler, wenn auch satanischer Berechnung agiert, könnte Trump eher in einem emotionalen, spontanen Moment entscheiden, auf den roten Knopf zu drücken, um zumindest seine Gegner verbal zu destabilisieren. Und das ist kein einfaches Spiel. Wer auf diesem geopolitischen Schachbrett die falschen Züge macht, könnte die wildesten Befürchtungen auslösen, die man je für möglich gehalten hätte. Natürlich wird sich Moskau wohl noch die Finger reiben, solange Trump als unberechenbarer Faktor im Westen bleibt. Doch gleichzeitig dürften die russischen Führer mit einem gewissen Nervenkitzel auf die Möglichkeit blicken, dass dieser Cowboy eines Tages in seiner eigenen, gefährlichen Weise den Krieg entfachen könnte, den er so oft anderen vorwarf. Der süsse Duft der Häme könnte schnell in den sauren Geschmack der Angst umschlagen, sollte der selbsternannte Anti-Establishment-Rebell sich tatsächlich in die Ecke gedrängt fühlen und den Ultimativ-Akt einer geopolitischen Eskalation wagen.

Der Angeber der Nation, der möglicherweise seine Macht so stark aufrechterhält, weil er ständig von Bedrohungen oder Gefahren umgeben ist, könnte natürlich durchaus eine U-Kehre machen und zwar genau dann, wenn es ihm am wenigsten passt. Er könnte jederzeit den Drehstuhl um 180 Grad drehen und plötzlich als der grösste Reformator auftreten. Die Welt könnte staunen, wie sich der eiserne Griff auf die Macht in einem Moment der Erkenntnis in einen grosszügigen Kurswechsel verwandelt, der plötzlich die Demokratie und die Meinungsfreiheit hochhält. Vielleicht wird der Polterer vom Dienst plötzlich von einem visionären Moment übermannt und erkennt, dass die Selbstbestimmung der Menschen der wahre Schlüssel zu einer erfolgreichen Zukunft sind, natürlich während er sich in einem durch und durch kontrollierten System auf der sicheren Seite wähnt.

Und was tut Europa, wenn nun auch die italienische Ministerpräsidentin Giorgia Meloni, die bis dato vernunftbetont in der Europäischen Union aufgetreten ist, ihr wahres Gesicht zeigen wird und sich auf faschistische Kooperationen versteift? Sie hat ja nie ein Geheimnis aus ihrer positiven Haltung gegenüber Donald Trump gemacht. Sie hat ihn wiederholt als eine Figur bewundert, die für die nationale Souveränität und gegen die globalistische Agenda kämpft. In ihm sieht sie einen starken, unkonventionellen Führer, der die westliche Welt aus der politischen Komfortzone herausgeholt hat. Ihre Sympathie für Trump ist in vielerlei Hinsicht nicht überraschend, da sie selbst in einer ähnlichen politischen Richtung agiert und viele ihrer politischen Ziele und Rhetoriken Parallelen zu denjenigen von Trump aufweisen.

Melonis Beziehung zu Trump und ihren politischen

Verbündeten könnte in den Augen vieler als eine bewusst kalkulierte Strategie erscheinen, die ihr hilft, eine breitere Anhängerschaft zu gewinnen, besonders in einem Europa, das mit wachsendem Nationalismus und populistischen Bewegungen kämpft. Ihre Bewunderung für Trump könnte als eine Art politische Legitimation dienen, die ihr in einer Welt der internationalen Diplomatie einige Türen öffnet, insbesondere, wenn sie sich von der EU oder der etablierten politischen Klasse abgrenzen möchte.

Allerdings könnte diese Haltung, wenn sie sich weiter in Richtung radikaleren, autoritären Denkens bewegt, in der EU zunehmend problematisch werden. In einer Zeit, in der der rechte Populismus in Europa an Einfluss gewinnt, könnte Melonis Nähe zu Trump ihr helfen, sich als Teil eines internationalen Netzwerks von Anti-Establishment-Führern zu positionieren. Es ist eine komplexe Balance, die Giorgia Meloni zu meistern versucht. Einerseits zeigt sie Sympathien für populistische, nationalistische Bewegungen, andererseits muss sie sich als ernst zu nehmende politische Führungspersönlichkeit in der EU behaupten. Sollten ihre Sympathien zu Trump und radikaleren Kräften innerhalb der EU weiter gestärkt werden, könnte das für sie zur Belastung werden, sobald die EU unterstreicht, dass ihr Kurs möglicherweise eine Gefahr für die Demokratie und die europäischen Werte darstellt. So oder so, Melonis positive Haltung zu Trump wird immer ein zweischneidiges Schwert bleiben, eine Waffe, die ihr im internationalen Spiel helfen könnte, aber auch ein Risiko birgt, wenn sie zu sehr in eine Richtung drängt. Die Zeit wird zeigen, ob sie die politische Vernunft bewahrt oder sich endgültig von den dunkleren Strömungen des politischen Radikalismus anstecken lässt.

Es wäre ein dramatischer Plot-Twist in der europäischen politischen Landschaft! Giorgia Meloni, bislang von vielen als vermeintlich vernünftige Führungspersönlichkeit der italienischen Regierung wahrgenommen, die in der Europäischen Union mit einer gewissen Mässigung und Pragmatismus aufgetreten ist, könnte plötzlich eine düstere Wendung einnehmen und ihr wahres Gesicht zeigen. Die Vorstellung, dass sie sich auf faschistische Kooperationen stützt oder zumindest eine Annäherung an solche Kräfte sucht, ist ein verstörender Gedanke für viele, die an ihre früheren Positionen und ihre Rhetorik geglaubt haben.

Man könnte sich vorstellen, wie die politische Szene in Europa darauf reagieren würde. Das gesamte Gleichgewicht, das über Jahre hinweg in der Union auf einem feinen Drahtseil zwischen Progressivität und konservativen Kräften balanciert, würde ins Wanken geraten. Die europäische Zusammenarbeit käme unter Druck. Und Meloni hätte mit Marie-Le Pen in Frankreich eine kräftige Mitstreiterin an ihrer Seite. Es wäre ein äusserst bedeutender und potenziell explosiver Bund im europäischen Geschäft. Beide haben von nationaler Souveränität über eine restriktive Einwanderungspolitik bis hin zur Ablehnung des sogenannten globalistischen Projekts ähnliche politische Agenden. Ihre

Zusammenarbeit könnte also eine gewaltige politische Strömung innerhalb der EU anstossen, vor allem in einer Zeit, in der der Nationalismus in manchen europäischen Ländern an Boden gewinnt.

Meloni und Le Pen könnten sich zu einer Art Achse der rechten Bewegung entwickeln, die nicht nur in ihren Heimatländern, sondern auch in der gesamten EU Einfluss gewinnt. Ihre politische Chemie würde in vielerlei Hinsicht auf der gemeinsamen Ablehnung der EU-Bürokratie und den etablierten politischen Eliten basieren. Beide Frauen vertreten, wenn auch in leicht unterschiedlichen Varianten, eine Sichtweise, die den europäischen Integrationsprozess infrage stellt und nationale Interessen in den Vordergrund rückt. Ein stärkerer Zusammenschluss zwischen Meloni und Le Pen würde die politische Landschaft der EU erheblich verändern. Ihre Stimmen würden in den Institutionen der Union, vom Europäischen Parlament bis hin zu den intergouvernementalen Konferenzen, mehr Gewicht erhalten. Es könnte zu einem ernsten Test für die Kohärenz und Stabilität der EU werden, da die beiden Frauen in ihren politischen Agenden konträr zur pro-europäischen Mehrheitsmeinung stehen. Sie könnten versuchen, die politische Ausrichtung der EU in eine Richtung zu lenken, die weniger von Brüssel und mehr von nationaler Souveränität geprägt ist.

Und sie hätten sehr schnell den Trittbrett-Fahrer Orbán aus Ungarn an ihrer Seite. Eine faszinierende, wenn auch ziemlich gefährliche Konstellation: Meloni, Le Pen und Viktor Orbán. Der ungarische Premierminister, der schon seit Jahren ein markanter Vertreter des rechtspopulistischen und nationalistischen Flügels in Europa ist hat sich immer wieder als ein politischer Überlebenskünstler gezeigt. Auf der einen Seite hat er sich als Vater der Nation etabliert, indem er als starker Verfechter des „illiberalen Staates" gegen die EuropaPolitik und den westlichen Liberalismus aufgetreten ist. Auf der anderen Seite hat er oft die Gelegenheit genutzt, sich bei der EU und anderen westlichen Partnern einzuschmeicheln. Orbán hat immer wieder betont, dass er ein europäischer, aber auch ein ungarischer Nationalist ist, der bereit ist, gegen die von Brüssel vorgegebenen Regeln und Werte zu kämpfen.

Ein Bündnis mit Meloni und Le Pen würde Orbán in seiner politischen Position stärken und ihm möglicherweise eine grössere Plattform verschaffen, um seine Politik der nationalen Souveränität und des Widerstands gegen die liberale westliche Ordnung weiter auszubreiten. Gemeinsam könnten sie eine noch lautere Front bilden, die sich gegen den liberalen Mainstream der EU stellt. Diese Agenda wäre möglicherweise das Ende eines Vereinten Europa. Es wäre jedoch auch zu beachten, dass beide Politikerinnen, obwohl sie viele politische Schnittmengen haben, nicht immer in allen Fragen völlig einig sind. Ihre nationale Politik und ihr Umgang mit bestimmten Themen wie der Wirtschaftspolitik oder sozialen Fragen könnten unterschiedliche Ausprägungen haben, was die Zusammenarbeit zwischen ihnen möglicherweise auch erschweren könnte. Doch selbst eine losere Kooperation oder ein ideologischer Austausch würden ausreichen, um die politische Dynamik in Europa zu verändern und die bisherige Ordnung gehörig durcheinanderzuwirbeln.

Die Reaktionen wären ebenso schnell wie dramatisch. Die EU, die schon so oft die Frage stellen musste, wie weit sie mit gewissen Mitgliedsstaaten gehen kann, wenn es um demokratische Prinzipien und den Schutz von Menschenrechten geht, würde wohl nicht lange zögern, ihre Bedenken lautstark zu äussern. Ein Abdriften Melonis in extreme Kooperationen könnte zu einem massiven Vertrauensverlust in ihre Politik führen. Doch hier kommt der interessante, fast schon faszinierende Aspekt. Wie sehr könnte Meloni tatsächlich von der Macht der EU abhängig sein? Sollte sie beginnen, sich gezielt in eine Richtung zu bewegen, die als faschistisch oder autoritär wahrgenommen wird, könnte das nicht nur zu einem dramatischen politischen Übergreifen innerhalb Italiens führen, sondern auch die Rolle der EU in der Wahrung demokratischer Standards herausfordern. Italien als eine der wichtigsten und einflussreichsten Nationen in Europa könnte durch solche Kooperationen wie ein Sturm über die Union hinwegfegen.

Das wäre der wahre Test für die europäischen Institutionen, ob sie in der Lage sind, mit einem Land in dieser neuen, gefährlicheren Richtung umzugehen, ohne die Union selbst zu gefährden. Melonis pragmatischer Politikansatz könnte sich plötzlich als ein politischer Schachzug herausstellen, bei dem sie sich nicht nur als ernst zu nehmende Akteurin in der EU behaupten möchte, sondern auch eine Rückversicherung auf Seiten radikaler Kräfte sucht, um ihre Macht innerhalb und ausserhalb des Landes zu festigen.

Und dennoch bleibt die Frage offen, ob sie wirklich bereit wäre, dieses Spiel zu spielen. Die politische Arena ist voller taktischer Manöver und wie sich Giorgia Meloni in dieser heiklen Situation bewegt, wird entscheidend für ihre Zukunft und die der italienischen Demokratie sein. Sie könnte auf diesem schmalen Grat wandeln, zwischen der vernünftigen Politikerin und einer gefährlicheren, radikaleren Version ihrer selbst. Und während sie damit spielt, könnte Europa in wachsender Sorge den Atem anhalten. Denn selbst, wenn die einen wieder gehen, könnten andere mit ähnlich verrückten Gedanken wieder auftauchen.

Europa hat zwar spät aber doch definitiv erkannt, dass es seine Verteidigungsfähigkeit und Resilienz erhöhen muss. Die grössere Unabhängigkeit von einseitigen Energiequellen könnte durch Investitionen in erneuerbare Energien, die Diversifizierung der Energiequellen und eine engere Zusammenarbeit im Bereich der Energiewende geschehen. Europa kann auch durch völlig neue Allianzen mit verschiedenen Ländern und Regionen weltweit seinen Einfluss erweitern und sich von einzelnen Grossmächten unabhängig machen.

Es bedarf der gemeinsamen europäischen Haltung zu

reagieren, nicht nur mit löchrigen Sanktionen, sondern durch klare militärische Präsenz an den Grenzen und in instabilen Regionen wie der Ukraine oder der Ostsee. Sollte Russland die internationale Ordnung bedrohen, sollte Europa sofort der militärischen Unterstützung für bedrohte Staaten antworten. Europa müsste härter und selbstbewusster in seiner Wirtschaftspolitik agieren, insbesondere in Bezug auf China und Russland. Wirtschaftliche Sanktionen und Handelskriege sind wichtige Werkzeuge, um den Einfluss von autoritären Regimen zu verringern.

Sollte die US-Aussenpolitik unter einem bestimmten Einfluss längerfristig auf nationalistische oder isolierte Positionen zurückfallen, wäre Europa gezwungen, kritische, wirtschaftliche Sanktionen gegen die USA zu verhängen, um eigene Interessen zu wahren. Europa darf sich nicht als verlängerte Aussenpolitik der USA begreifen. Vor allem sollte es aufhören, sich als Pufferzone zwischen den Grossmächten zu sehen. Europa könnte aggressive strategische Allianzen mit regionalen Akteuren wie Indien, Japan, Kanada oder Australien eingehen, die ähnliche geopolitische Interessen verfolgen. Ein starkes Gegengewicht zu China, Russland und den USA kann nur durch den Aufbau eines globalen Blocks aus demokratischen und strategischen Partnern erreicht werden. Europa muss in der Lage sein, auf Bedrohungen sowohl von aussen als auch von innen zu reagieren, um seine Souveränität zu bewahren. Die Zivilgesellschaften wollen durch starke politische Willensbildung geschützt werden.

Und Xi Jinping in China? Unter ihm hat sich die politische Macht in der Kommunistischen Partei Chinas zunehmend auf seine Person konzentriert. Er hat sich als Kern der Partei etabliert und ist zunehmend aus der Kollegiabilität der Führung herausgetreten. Dieser Trend wurde durch die Abschaffung der Amtszeitbegrenzung für das Präsidium 2018 weiter verstärkt, wodurch Xi theoretisch unbegrenzt im Amt bleiben kann. Er hat alle wichtigen politischen Institutionen unter seiner Kontrolle konsolidiert, von der Regierung über die Armee bis hin zur Partei. Die Macht der Staatsführung wurde durch die Bildung von Kontrollinstanzenweiter gestärkt, um Korruption innerhalb der Partei zu bekämpfen, gleichzeitig aber auch als Mittel, um politische Gegner zu eliminieren und die Machtbasis zu erweitern.

Unter Xi Jinping wurde die Zensur in China massiv ausgeweitet. Die Regierung überwacht und kontrolliert rigoros das Internet und die sozialen Medien, um kritische Stimmen zu unterdrücken und Dissens zu verhindern. Es gibt umfangreiche Zensurmaßnahmen, die auch auf Literatur, Kunst und Forschung angewendet werden. Die „Great Firewall" wird ständig ausgebaut, um den Zugang zu Informationen aus dem Ausland zu kontrollieren. Ein markantes Merkmal seines Regimes ist die harte Repression von ethnischen und religiösen Minderheiten, wie etwa den Uiguren in Xinjiang, den Tibetern oder auch der Falun-Gong-Bewegung. In Xinjiang werden Uiguren und andere muslimische Minderheiten in Umerziehungslagern festgehalten und durch Überwachung, Arbeitszwang und kulturelle Assimilation unterdrückt.

In der Wirtschaftspolitik hat Xi die Macht der Staatsunternehmen und die staatliche Kontrolle über strategische Sektoren ausgeweitet. Auch private Unternehmen wurden stärker kontrolliert, was in vielen Fällen zu einer politischen Einflussnahme führte. Dabei wird die wirtschaftliche Macht auch zur Durchsetzung politischer Ziele genutzt, und Unternehmen, die sich der Partei widersetzen, sehen sich einer verstärkten Überwachung und staatlichen Eingriffen ausgesetzt.

Xi Jinping verfolgt eine zunehmend aggressive Aussenpolitik, die das Ziel verfolgt, China als dominierende Weltmacht zu etablieren. Dabei zeigt sich auch der autoritäre Charakter, etwa im Umgang mit Taiwan, Hongkong oder den Ländern im Südchinesischen Meer. Er hat Chinas Ansprüche im Südchinesischen Meer weiter vorangetrieben, indem er künstliche Inseln militärisch ausgebaut und verstärkte maritime Aktivitäten gezeigt hat. Diese Gebietsansprüche werden von mehreren südostasiatischen Staaten sowie von den westlichen Nationen abgelehnt. Die Militarisierung und die Betonung auf nationale Sicherheit und Souveränität spiegeln die autoritäre Haltung wider.

Xi Jinping hat sich in China nicht nur als Führer etabliert, sondern als das unumstrittene Zentrum der Macht. Durch die Zentralisierung der politischen Kontrolle und die konsequente Marginalisierung jeder Form von Opposition hat er sich einen nahezu absolutistischen Status erarbeitet. In vielerlei Hinsicht wird er als "wohlwollender" Diktator wahrgenommen, da seine Politik offiziell das Wohl des Landes betont, jedoch gleichzeitig autoritäre Züge aufweist, die individuelle Freiheiten stark einschränken. Diese Entwicklung hin zu einer autoritären Führung erinnert an frühere, totalitäre Regime, wobei Xi sich geschickt als den "Vater" der Nation und als stabilisierende Figur darstellt, die im Interesse des Landes agiert. Insgesamt ist Xi Jinping ein Meister der politischen Inszenierung, der seine Macht auf subtile Weise konsolidiert und gleichzeitig eine Fassade des Wohlwollens und der Stabilität aufrechterhält. Diese Mischung aus autoritärer Kontrolle und geschickter Propaganda hat ihn zu einer der mächtigsten Figuren der modernen Politik gemacht, jedoch auf Kosten grundlegender Freiheiten und politischer Vielfalt.

Chinas wirtschaftliche Stärke und Xi Jinpings drängende Aussenpolitik üben auf viele Länder, besonders in Afrika, Asien und Europa, enormen Druck aus, sich Chinas Interessen zu unterwerfen. Länder, die von Chinas Investitionen und Handelsbeziehungen abhängen, könnten sich gezwungen sehen, politischen Druck oder wirtschaftliche Zugeständnisse zu akzeptieren, die letztlich Chinas geopolitische Agenda stärken. Der wachsende Einfluss Chinas, kombiniert mit der Verlagerung von

Wirtschafts- und Militärmacht in Richtung Asien, könnte langfristig die geopolitische Dominanz des Westens infrage stellen. Dies könnte zu einer Art Multipolarität führen, bei der westliche Demokratien mit einer neuen globalen Ordnung konfrontiert sind, in der autoritäre Regime wie das von Xi Jinping die Haupt-Rolle spielen. Auch wenn der Westen gegen China auf politischer und wirtschaftlicher Ebene Widerstand leistet, könnte sich eine fragmentierte internationale Ordnung entwickeln, bei der autoritäre Staaten und demokratische Staaten in einem zunehmend polarisierten globalen System aufeinanderprallen.

Xi Jinping stellt eine ernsthafte Bedrohung für die weltpolitische Stabilität dar. Unter dem Deckmantel eines wohlwollenden Diktators verfolgt er eine zunehmend autoritäre Agenda, die nicht nur China, sondern die gesamte globale Ordnung herausfordert. Während er sich selbst als Führer einer neuen Ära inszeniert, ist es Realität, dass seine politischen und militärischen Ambitionen langfristig eine massive Destabilisierung herbeiführt.

Hinter seiner Fassade der Stabilität verbirgt sich ein Machtanspruch, der auf Kontrolle, Zensur und einer aggressiven Außenpolitik basiert.

Xi hat China in eine autoritäre Richtung geführt, die keinerlei Platz für politische Vielfalt, Meinungsfreiheit oder demokratische Werte lässt. Durch die Zementierung seiner Macht in der Kommunistischen Partei und der systematischen Unterdrückung jeglicher Opposition hat er eine Diktatur aufgebaut, die die Grundpfeiler des internationalen Rechts und der Menschenrechte ignoriert. Diese Politik steht im direkten Widerspruch zu den globalen Normen und gefährdet die Prinzipien von Demokratie und Freiheit, die die westliche Welt seit Jahrzehnten verteidigt.

Seine geopolitischen Bestrebungen deuten auf eine zunehmend aggressive Außenpolitik hin, die auf Expansion und Kontrolle abzielt. Xi strebt nicht nur nach regionaler Hegemonie, sondern nach einer Umgestaltung des globalen Machtgefüges zu Gunsten eines autoritären

China. Dies könnte zu massiven geopolitischen Spannungen und potenziellen Konflikten führen, die nicht nur Asien, sondern die gesamte Welt betreffen. Durch den Ausbau seiner technologischen und wirtschaftlichen Macht ist Xi dabei, die weltweite Dominanz in Bereichen wie 5G, Künstliche Intelligenz und Cyberüberwachung zu erlangen. Diese technologische Vormachtstellung ist ein weiteres Mittel, mit dem er nicht nur die Kontrolle über China festigt, sondern auch weltweit Einfluss ausübt, oft auf Kosten der Privatsphäre und der freien Meinungsäußerung. Xi Jinping verfolgt eine gefährliche Machtstrategie, die auf Expansion, Repression und technologischer Dominanz basiert. Seine Politik wird die weltpolitische Landschaft langfristig verändern und könnte zu erheblichen, unvorhersehbaren Verwerfungen führen. Wer glaubt, dass er als stabilisierende Kraft für China auftritt, übersieht die tiefgreifenden Gefahren, die seine Ideologie für die gesamte internationale Ordnung mit sich bringt.

12. AUSEINANDERSETZUNG MIT DIKTATUREN

Wie kann man sich gegen verheerenden Entwicklungen im internationalen Geschehen wehren? Um sich gegen wirtschaftliche Erpressung und die Auswirkungen geopolitischer Spannungen zu wappnen, sollten Länder ihre Wirtschaft auf verschiedene Sektoren und Handelspartner ausrichten. Eine breitere Palette von Partnern und Produkten macht Staaten widerstandsfähiger gegenüber den Auswirkungen von Handelskriegen, Sanktionen oder unilateralen politischen Entscheidungen.

Mehrere Units sollten strategische Allianzen mit anderen aufbauen, die ähnliche Werte teilen, wie Demokratie, Menschenrechte und Rechtsstaatlichkeit. So können sie zusammenarbeiten, um wirtschaftliche Sanktionen zu verhängen, die international ausgerichtet sind, oder um alternative Wirtschaftsstrukturen zu schaffen, die weniger von autoritären Mächten abhängen.

Eine starke Zivilgesellschaft, die nicht aufgibt, ist eine der wirksamsten Schutzmechanismen gegen autoritäre Tendenzen. Der Schutz der Meinungsfreiheit, die Unterstützung von unabhängigen Medien, die Förderung des Engagements der Bevölkerung und der Aufbau von Netzwerkstrukturen für die Demokratie können helfen, autoritäre Regierungen in Schach zu halten und den öffentlichen Widerstand zu mobilisieren. In einem Umfeld der schnellen Desinformation und Manipulation sollten Gesellschaften grossen Wert auf Bildung und Medienkompetenz legen, um ihre Bürger in die Lage zu versetzen, Falschinformationen zu erkennen und die politischen Konsequenzen autoritärer Handlungen zu verstehen. Gut informierte Bürgersind ein Bollwerk gegen populistische und autoritäre Bewegungen.

Internationale Verständigung und interkultureller Dialog sind entscheidend, um Spannungen abzubauen und

Missverständnisse zu vermeiden. Programme, die den interkulturellen Austausch fördern, können helfen, Vorurteile und Feindseligkeiten abzubauen und ein stärkeres globales Netzwerk von gemeinsam gesinnten Ländern und Gesellschaften zu schaffen. Zudem kann man sich gegen den zunehmenden Einfluss autoritärer Staaten im Bereich der Technologie zu wehren, indem Länder in ihre eigene digitale Infrastruktur investieren. Dazu gehört auch die Entwicklung eigener Alternativen zu den globalen Technologien, die von autoritären Regimen kontrolliert werden.

Generell bezieht sich Schwarmintelligenz auf das kollektive Verhalten dezentral organisierter Systeme, bei denen einzelne Akteure auf einfache Regeln reagieren und dadurch ein komplexes, intelligentes Gesamtsystem entsteht. In der internationalen Politik und den internationalen Beziehungen ist das Konzept der Schwarmintelligenz eine Metapher für die Art und Weise, wie Staaten, internationale Organisationen und Akteure kollektiv auf globale Gefahren reagieren. Zusammenarbeit, der Austausch von Informationen und die gemeinsame Nutzung von Ressourcen sind entscheidend waren, um eine schnelle und wirksame Antwort auf die Krise zu entwickeln.

Schwarmintelligenz wird auch in der Friedenssicherung bedeutsam. Hierbei geht es darum, dass verschiedene Akteure, von Staaten bis hin zu NGOs und internationalen Organisationen, gemeinsam an Lösungen arbeiten, um stabile Friedensprozesse zu konstruieren. Internationale Beziehungen sind zunehmend von netzwerkartigen Strukturen durchzogen, in denen Staaten nicht nur bilateral, sondern auch multilateral miteinander verbunden sind. In einem solchen Netzwerk können alle durch ihre Handlungen und Interaktionen zur Gesamtlösung eines Problems beitragen. Solche Netzwerke fördern die Schwarmintelligenz, weil sie auf der Idee beruhen, dass die kollektive Intelligenz durch die Kooperation vieler Teilnehmer stärker ist als die von einzelnen Akteuren.

Die Idee des globalen Commitments umfasst die Zusammenarbeit von Staaten und internationalen Organisationen bei der Bewältigung von grenzüberschreitenden Problemen, wie etwa Klimawandel, Flüchtlingskrisen oder Terrorismusbekämpfung. Der Erfolg dieser Art der Zusammenarbeit beruht nicht selten auf den Prinzipien der Schwarmintelligenz, bei der viele Akteure ihre Ressourcen, Expertise und Perspektiven bündeln, um Lösungen zu finden. Die Zusammenarbeit und wechselseitige Abhängigkeit bilden ein dynamisches System, das ähnliche Prinzipien wie Schwarmintelligenz aufweist. Einzelne Staaten sind oft nicht in der Lage, globale Probleme isoliert zu lösen, sondern müssen in einem kooperativen Netzwerk zusammenarbeiten.

13. EFFIZIENZ UND INEFFIZIENZ
DER EUROPÄISCHEN INSTITUTIONEN

Dazu bedarf es eines Tour d'Horizon in die europäische Geschichte.*) Unzweideutig ist die Beobachtung, dass politische Strukturen dann wirkungsvoll, auch friedvoll und vor allem potent und wohlhabend waren, wenn sie massig und flächendeckend angelegt waren. Das galt für den Beginn der bedeutenden Zivilisationen der Antike genauso wie in den späteren Epochen des Mittelalters oder der Neuzeit.

Diese Beobachtung ist ein wichtiger Schlüssel, um die Wirksamkeit politischer Strukturen, insbesondere ihre Fähigkeit, Frieden und Wohlstand zu festigen, zu verstehen. Das prosperierende Europa war immer mit

*) Die Psyche der Weltgeschichte ISBN 9783757810108

seiner Grösse und Reichweite verbunden. Von den ersten Zivilisationen der Antike bis hin zu den Entwicklungen im Mittelalter und der Neuzeit spielte die flächendeckende Ausdehnung von politischen Systemen eine entscheidende Rolle. Das gleiche Prinzip galt im osmanischen Reich, in den chinesischen Dynastien, in Südamerika oder wo auch immer.

Bereits in der Antike sahen grosse Reiche wie das Römische Reich oder das Persische Reich, die auf massiven geographischen Ausdehnungen basierten, ihre Gelassenheit und Wohlhabenheit in der gemeinsamen Stärke. Ihre politischen Strukturen waren darauf ausgelegt, riesige Gebiete zu verwalten, unterschiedliche Völker und Kulturen zu integrieren und Ressourcen effektiv zu verteilen. Das Römische Reich konnte eine weitreichende Verwaltung aufbauen, die von zentraler Bedeutung für den Frieden und den Wohlstand war, der von den Historikern als „Pax Romana" bezeichnet wird. Diese Struktur ermöglichte es, durch effiziente

Infrastruktur, Rechtsprechung und militärische Präsenz einen stabilen, langanhaltenden Frieden in einem riesigen Gebiet zu sichern.

Im Mittelalter war das „Heilige Römische Reich" ein solches Konstrukt, das zwar aufgrund seiner föderalen Struktur von vielen als ineffizient bezeichnet wird, aber dennoch über Jahrhunderte Bestand hatte. Das Feudalsystem, das in weiten Teilen des mittelalterlichen Europas vorherrschte, sorgte für eine breite Verteilung von Macht und Verantwortung, wobei lokale Herrscher direkt mit den Monarchen oder Kaisern verbunden waren.

Die Geburtsstunde eines geeinten Europas war das Reich Karl des Großen, als noch keine Teilung in Deutsche und Franzosen existierte. Erst die Kämpfe um die Nachfolgeschaft, die Aufsplitterung des Reichs in unzählige Herzogtümer und Grafschaften trugen zu massiven Aufteilungskämpfen bei. Das enge nationale Denken begann erst 1871 mit der Gründung des deutschen

Kaiserreichs und fand seine zerstörerische Kulmination im Nazi-Regime Deutschlands und im zweiten Weltkrieg.

In der Neuzeit kam es zu einer stärkeren Zentralisierung der Macht, etwa im französischen Absolutismus unter Ludwig XIV. oder im britischen Empire. Diese Staaten begannen, flächendeckende Institutionen und administrative Systeme zu entwickeln, die eine effiziente Verwaltung und Kontrolle eines expandierenden Reiches versprachen. Doch scheiterten sie an den eigenen Machtgelüsten und ihren Eroberungsvorhaben von Kolonien. Ihr Debakel begann mit der Unfähigkeit, positiv großräumig zu denken. Am Ende versanken sie im Morast des Machtstrebens.

Die Erfahrungen des Zweiten Weltkriegs und die Zerstörungen, die er mit sich brachte, führten nach 1945 schließlich zu einer neuen Vision eines vereinten Europas, das auf Zusammenarbeit und Frieden beruhte, eine Vision, die in der Gründung der Europäischen Union und anderen internationalen Organisationen ihren Ausdruck fand. Der Übergang von einem Europa, das sich unter Karl des Großen als kulturelles und politisches Zentrum verstand, zu einem Europa der Nationalstaaten, das im 19. und 20. Jahrhundert von Konflikten geprägt war, zeigt, wie stark sich die politische Landschaft im Laufe der Jahrhunderte verändert hat. Heute erinnert diese Geschichte daran, wie wichtig es ist, auf europäischer Ebene zusammenzuarbeiten, um die Fehler der Vergangenheit nicht zu wiederholen.

In der modernen Ära könnte die Europäische Union als eine neue Form eines weitreichenden politischen Gebildes betrachtet werden, das auf dem Prinzip der wirtschaftlichen und politischen Integration basiert. Die EU ist heute ein Beispiel für die Idee, eine große politische Struktur zu schaffen, die auf Kooperation und Co-Creation setzt, um Frieden und Wohlstand zu fördern. In vielerlei Hinsicht ist die EU ein Versuch, die Fehler der Vergangenheit wie die Fragmentierung Europas in der

Geschichte oder die destruktiven Kriege der Neuzeit zu vermeiden, indem sie eine flächendeckende politische Struktur mit einer Vielfalt an spezifischen Interessen in Einklang bringt.

Der historische Rückblick auf die Schaffung des modernen Europas ist in der Tat faszinierend, wenn man die Visionen und den politischen Weitblick der großen Denker und Staatsmänner jener Zeit betrachtet. Nach den Zerstörungen des Zweiten Weltkriegs war es entscheidend, dass Europa nicht nur wirtschaftlich wieder aufgebaut, sondern auch politisch neu orientiert wurde. In dieser entscheidenden Phase traten eine Reihe von Politikern und Visionären auf, die die Grundlage für das heutige Europa legten.

Alcide de Gasperi, der italienische Premierminister nach dem Krieg, spielte eine Schlüsselrolle in der europäischen Einigung. Er setzte sich für eine enge Zusammenarbeit zwischen den europäischen Staaten ein und war ein

Befürworter der Gründung der Europäischen Gemeinschaft für Kohle und Stahl die als erster Schritt zur wirtschaftlichen Integration Europas gilt. Jean Monnet **und** Robert Schuman, ebenfalls prägende Figuren der frühen europäischen Integration, erkannten die Notwendigkeit einer gemeinsamen europäischen Wirtschaftspolitik, um sowohl den Frieden zu sichern als auch eine stabile wirtschaftliche Basis zu schaffen. Die Schuman-Erklärung von 1950 führte zur Schaffung der EGKS, die später die Grundlage für die Europäische Wirtschaftsgemeinschaft und die heutige Europäische Union bildete.

Der französische Staatspräsident Charles de Gaulle träumte von einem „Europa vom Atlantik bis zum Ural", was seine Vorstellung eines vereinten Kontinents widerspiegelt, der sich in der Lage sieht, unabhängig von den Supermächten der USA und der Sowjetunion zu agieren. Er hatte tatsächlich eine Vision eines vereinten Europas, das er jedoch als ein Europa der Völker bezeichnete, was ihn fälschlicherweise als Gegner der europäischen Integration gesetzt hat. Otto von Habsburg war ein leidenschaftlicher Befürworter der europäischen Einigung und setzte sich für die Wiedervereinigung des kontinentaleuropäischen Raums ein, wobei er die Idee eines Vereinigten Europas als Lösung für viele der politischen und ethnischen Konflikte betrachtete, die Europa in der Vergangenheit geplagt hatten. Helmut Kohl, der deutsche Kanzler, war einer der Architekten der Wiedervereinigung Deutschlands und spielte eine entscheidende Rolle im politischen Prozess der europäischen Integration, insbesondere durch seinen Einsatz für die europäische Einigung und den Maastricht-Vertrag von 1992, der die Europäische Union schuf. Diese Politiker und Visionäre trugen durch ihre Ideen und politischen Initiativen dazu bei, die Grundlagen für das moderne Europa zu legen. Ihre Zusammenarbeit, trotz unterschiedlicher nationaler Interessen, lieferte den Grundgedanken einer Friedensordnung und schuf die Idee eines politischen Rahmen, in dem Zusammenarbeit und Solidarität im Vordergrund stehen. Die politische Vision eines geeinten Europas hat es ermöglicht, die Konflikte der Vergangenheit zu überwinden und eine neue, friedliche Ära zu schaffen.

Der Begriff der Effizienz und Ineffizienz europäischer Institutionen ist eng mit dieser historischen Entwicklung und den strukturellen Veränderungen der politischen Organisationen in Europa verbunden. In der Vergangenheit hat sich gezeigt, dass politische Strukturen besonders dann erfolgreich und stabil waren, wenn sie über ein weitreichendes, flächendeckendes Netzwerk von Institutionen und Verwaltungsstrukturen verfügten. Dies führte zu einer stärkeren Kohäsion und besseren Ressourcenverteilung, was in Zeiten des Friedens und des Wohlstands von grosser Bedeutung war.

Der zu Recht als bürokratisch empfundene Verwaltungsapparat der EU wird nicht selten als ineffizient wahrgenommen, insbesondere wenn es um schnelle Entscheidungen oder die Umsetzung politischer

Massnahmen geht. Andererseits ist die EU auf Grund ihrer weitverzweigten Institutionen und der Möglichkeit, auf verschiedenen Ebenen, lokal, national und europäisch zu agieren auch in der Lage, eine Vielzahl von Interessen zu integrieren und somit einen breiten Konsens zu erzielen.

Häufig wird als Ursache für die wahrgenommene Ineffizienz der EU die parteipolitische Ineffizienz der Nationalstaaten angeführt. In den frühen Phasen der europäischen Integration, als die EU noch in ihrer Anfangsphase war, wurden viele der politischen Positionen von ehemaligen ausgedienten Politikern übernommen. Diese Politiker waren oft weniger in der Lage, den politischen Einfluss, die Vision und das Durchsetzungsvermögen zu entwickeln, das für die Gestaltung und Umsetzung einer effektiven europäischen Politik erforderlich gewesen wäre.

Die Herausforderung für die EU liegt nicht nur in den institutionellen Strukturen, sondern auch in der

Komplexität der politischen Landschaft, in der nationale Interessen oft mit übergeordneten europäischen Zielen in Konflikt geraten und politisch zu wenig gehandelt werden. Der politische Wille zur europäischen Integration muss von den Mitglieds-Units regelmässig bestätigt und unterstützt werden. In diesem Sinne zeigt sich, dass die wahre Ineffizienz der EU oft weniger durch die institutionellen Strukturen selbst verursacht wird, sondern durch die politische Realität, in der nationale Souveränität und europäische Interessen miteinander ausbalanciert werden müssen.

Inzwischen hat sich jedoch ein gewisses Umdenken vollzogen, und viele der Politiker, die die EU heute repräsentieren, sind politisch einflussreicher und besser vernetzt, sowohl auf nationaler als auch auf europäischer Ebene. Vor allem die neue international gut ausgebildete Generation gibt Anlass zu berechtigter Hoffnung auf substanziellen Fortschritt des Managements in den europäischen Institutionen.

Viele der heutigen politischen Akteure in der EU sind nicht nur erfahrener und politisch einflussreicher, sondern auch besser vernetzt, sowohl auf nationaler als auch auf europäischer Ebene. Diese Vernetzung ist ein wesentlicher Vorteil, da sie den Austausch von Ideen und die Zusammenarbeit über Grenzen hinweg erleichtert, was für eine so vielschichtige politische Union wie die EU von entscheidender Bedeutung ist. Besonders auffällig ist die zunehmende Präsenz einer neuen Generation von Politikern, die international ausgebildet und in der globalisierten Welt gut vernetzt sind. Viele dieser Akteure haben nicht nur ein tiefes Verständnis für die komplexen Herausforderungen, mit denen Europa konfrontiert ist, sondern auch die Fähigkeit, über nationale Interessen hinaus zu denken und Lösungen auf europäischer Ebene zu entwickeln. Diese Politiker verfügen über eine starke internationale Perspektive und sind in der Lage, die EU sowohl in europäischen als auch in globalen Kontexten besser zu vertreten.

Die neue Generation, die oft besser mit digitalen Technologien, globalen Trends und interkultureller Kommunikation vertraut ist, bringt frische Ideen und Perspektiven in die politischen Entscheidungsprozesse der EU. Ihre internationale Ausbildung und ihre Erfahrung in verschiedenen politischen und wirtschaftlichen Systemen helfen dabei, neue Ansätze zu entwickeln, die sowohl auf europäischer als auch auf globaler Ebene von Bedeutung sind. Diese jungen, dynamischen Führungskräfte könnten dabei helfen, die EU in einer zunehmend multipolaren Welt besser zu positionieren und sie zu einer kohärenteren und flexibleren politischen Einheit zu machen.

Durch die Beteiligung dieser politisch gut ausgebildeten und vernetzten Akteure steigt die Hoffnung, dass die EU in der Lage sein könnte, den Herausforderungen, vor denen sie heute steht, mit mehr Flexibilität und Effizienz zu begegnen. Insbesondere die neuen Generationen sind in der Lage, schnelle, innovative Lösungen für aktuelle und zukünftige Probleme zu entwickeln, sei es im Bereich der Wirtschaft, des Klimawandels, der digitalen Transformation oder der geopolitischen Unsicherheit.

Ein solcher Fortschritt könnte auf verschiedenen Ebenen realisiert werden, sei es durch die Modernisierung der EU-Institutionen, eine stärkere Betonung der interinstitutionellen Zusammenarbeit oder eine besser koordinierte europäische Außenpolitik. Auch eine effektivere Entscheidungsfindung innerhalb der EU, die sowohl die verschiedenen Interessen der einzelnen Units berücksichtigt als auch mit Hilfe moderner Evaluierungs-Mechanismen eine schnellere Reaktion auf Krisen ermöglicht, wird zunehmend als wichtiger Bereich betrachtet, in dem Fortschritte erzielt werden müssen.

Es wird zunehmend erkannt, dass die EU institutionelle und strukturelle Reformen braucht, die die Entscheidungsfindung effizienter machen. Hierbei sind

Massnahmen wie die Vereinfachung von Abstimmungsprozessen, die Optimierung der Zusammenarbeit zwischen den EU-Institutionen und der Mitglieds-Regionen sowie die Verbesserung der Transparenz und Kommunikation zwischen den politischen Akteuren entscheidend. Ein schnelleres Handeln könnte auch durch eine verstärkte Nutzung von Mehrheitsentscheidungen in bestimmten Bereichen ermöglicht werden, anstatt auf einstimmige Entscheidungen zu bestehen, die oft zu Blockaden führen.

Die Effizienz der Europäischen Union könnte durch die Einrichtung von Frühwarnsystemen und die Nutzung innovativer Datenanalyse-Technologien optimiert werden, die die EU in die Lage versetzen, potenzielle Krisen frühzeitig zu erkennen und entsprechend zu handeln. Auch eine verstärkte Zusammenarbeit mit externen Experten könnte dabei helfen, fundierte, schnell umsetzbare Lösungen zu entwickeln. Darüber hinaus könnten sogenannte Krisenmechanismen innerhalb der EU-

Institutionen etabliert werden, die speziell für den schnellen Umgang mit Notfällen konzipiert sind. Diese Dispositionen könnten es den europäischen Institutionen ermöglichen, auf Krisen flexibel zu reagieren, ohne die gesamte institutionelle Struktur aufwendig in Anspruch nehmen zu müssen. Ein solches Programm würde auch die Koordination zwischen den einzelnen Units und den EU-Institutionen verbessern, was die Effizienz der Reaktion erhöhen würde.

Die grösste Herausforderung bei der Umsetzung einer effektiveren Entscheidungsfindung und Krisenbewältigung innerhalb der EU besteht darin, die Balance zwischen Effizienz und den Prinzipien der demokratischen Mitbestimmung zu wahren. Daher muss die EU weiterhin sicherstellen, dass alle Gruppierungen und Regionen in den Entscheidungsprozess eingebunden sind, ohne dabei ihre Fähigkeit zur schnellen Reaktion in kritischen Situationen zu verlieren.

Wenn es der EU gelingt, ihre Strukturen so zu reformieren, dass sie sowohl schnelle als auch konsensorientierte Entscheidungen treffen kann, wird sie nicht nur ihre Reaktionsfähigkeit in Krisenzeiten verbessern, sondern auch ihre Fähigkeit, als Einheit in einer zunehmend komplexen und dynamischen Welt zu agieren.

14. WOVOR FÜRCHTEN SICH EUROPAS POLITIKER?

Europas Politiker fürchten sich vor einer Vielzahl von Herausforderungen, die sowohl aus internen als auch externen Quellen stammen. Diese Ängste spiegeln die komplexe politische, wirtschaftliche und soziale Landschaft wider, in der die EU agiert. Ein zentrales Thema, das viele europäische Politiker beunruhigt, ist der Aufstieg des Populismus und Nationalismus. Populistische und nationalistische Bewegungen stellen die EU und deren Werte in Frage, propagieren eine Rückkehr zu nationalem Machtdenken. Viele Politiker fürchten, dass diese Strömungen die europäische Integration schwächen könnten und zu einer Fragmentierung der Union führen könnten. Besonders der Brexit hat gezeigt, wie gefährlich nationale Bewegungen für den Zusammenhalt Europas sind.

Ein großes Anliegen ist die Frage nach der europäischen

Identität. Politiker sorgen sich, dass diese Spannungen zu einer wachsenden Entfremdung zwischen den Bürgern und den europäischen Institutionen führen könnten. Ein Zerfall des europäischen Traums könnte die politische Kohäsion und das Vertrauen in die EU gefährden.

Um diesen Herausforderungen entgegenzuwirken, ist es wichtig, dass die Institutionen transparent agieren und den Bürgern die Möglichkeit geben, aktiv an Entscheidungsprozessen teilzunehmen. Im Vordergrund Zudem sollte das gemeinsame europäische Wertesystem stehen. Ein Zerfall der europäischen Vision könnte nicht nur die politische Stabilität gefährden, sondern auch wirtschaftliche und soziale Folgen haben, die weit über die Grenzen der EU hinausreichen. Daher ist es von entscheidender Bedeutung, dass die europäischen Institutionen proaktive Maßnahmen ergreifen, um das Vertrauen der Bürger zu stärken und eine positive europäische Identität zu fördern.

Europäische Politiker befürchten auch, dass die EU in der zunehmend multipolaren Weltordnung an Einfluss verlieren könnte, wenn sie ihre außenpolitische Kohärenz nicht stärkt. Die Unfähigkeit, sich einheitlich auf eine Außenpolitik zu einigen, könnte das Ansehen und die Handlungsfähigkeit der Union auf der globalen Bühne schwächen.

Die rasante Entwicklung von Technologien, insbesondere der Künstlichen Intelligenz und der Digitalisierung, stellt eine der größten Herausforderungen für europäische Politiker dar. Auf der einen Seite bieten diese Technologien enorme Potenziale für Innovation und Wachstum, auf der anderen Seite verursachen sie tiefgreifende soziale und wirtschaftliche Veränderungen, die nicht immer leicht zu bewältigen sind. Die Angst besteht darin, dass Europa gegenüber anderen globalen Mächten wie den USA und China in der digitalen und technologischen Arena zurückfallen könnte, wenn es nicht gelingt, die richtigen politischen Rahmenbedingungen zu schaffen.

Und dann ist da noch das grosse Schlagwort der Souveränität. Es gibt nichts Romantischeres, als den Kampf für die nationale Souveränität, das magische Land, in dem der Maestro allein entscheidet, was gut für das Land ist und es keinerlei Einfluss von aussen gibt, ausser vielleicht von den internationalen Konzernen, die eh alles bestimmen. Die Vorstellung, dass man als Land ein bisschen Abstriche bei der eigenen Macht machen könnte, um die Union als Ganzes zu stärken, wird von den Gegnern mit so viel Widerstand behandelt wie eine Diät von jemandem, der zu viel gegessen hat. Die Gegnerschaft zur EU ist wie ein Fiebertraum, in dem alles, was irgendwie europäisch ist, als Bedrohung gesehen wird. Wer will schon Konsens und Zusammenarbeit, wenn man sich in den wahren Abgründen des Nationalismus und der Feindbilder suhlen kann?

Die Gegnerschaft zum gemeinsamen Europaist wie ein grandioses Spiel, bei dem es keine Regeln gibt, aber jede Menge Zuschauer. Man schimpft über alles, was mit der Union zu tun hat, ohne wirklich zu wissen, wie die ganzen Prozesse funktionieren. Manchmal hat man das Gefühl, dass es den Gegnern nicht mal ums Prinzip geht, sondern nur darum, eine neue Möglichkeit zu finden, sich über das europäische Projekt lustig zu machen, wie ein endloser, überdramatisierter Drama-Soap, in dem Europa immer der Bösewicht ist.

Entschlossenheit kann es nicht geben, wenn die Angst dazwischen schiesst. Angst, sei es vor politischen Reaktionen, wirtschaftlichen Verlusten oder geopolitischen Konsequenzen, lähmt die Handlungsfähigkeit und hindert Entscheidungsträger daran, klare, mutige Schritte zu unternehmen. Die Angst vor einer Eskalation, etwa im Umgang mit Russland, die Angst vor inneren Spannungen, all das sind Themen, bei denen das Zögern, das Ausweichen oder die

Kompromissbereitschaft als vermeintlich sicherer Weg erscheinen. Aber wenn die Angst im Vordergrund steht, dann lässt sich keine echte Entschlossenheit entwickeln. Entscheidungen werden dann nicht aus einer Position der Stärke, sondern aus einer Position der Unsicherheit und des Zögerns getroffen. Und das ist genau der Moment, in dem die Schimäre der Union entsteht. Sie wirkt groß und mächtig, doch sie ist von der Angst so durchzogen, dass sie ihre eigene Handlungsfähigkeit aufgibt.

Die Angst vor der Eskalation, zum Beispiel in Bezug auf den Ukraine-Konflikt, hebt die Diplomatie auf eine irreale Ebene. Zusätzlich lähmt die Angst vor den eigenen Mitgliedsstaaten, die bei jeder Entscheidung von nationalen Interessen geleitet werden, die Union in ihrer Gesamtheit. Angst verleitet dazu, dass bei dringenden Entscheidungen, wie zum Beispiel der Frage einer gemeinsamen europäischen Verteidigungspolitik oder einer kohärenten Migrationsstrategie, immer wieder die Zukunft und mögliche Folgen im Vordergrund stehen.

Doch die Zukunft wird immer unklarer, wenn man sich in der Gegenwart nicht entschieden und mutig positioniert. Wenn eine Union nicht in der Lage ist, ihre Ängste zu überwinden und zu einer entschlossenen Haltung zu kommen, dann wird sie zum Politikfeld der Widersprüche. Wir sehen dann ein Europa, das an vielen Fronten aktiv bleibt, aber nie wirklich die Kontrolle übernimmt, aus Angst vor den Reaktionen, die jede Entscheidung mit sich bringen könnte.

Mut ist notwendig, um Angst zu überwinden. Und Mut ist es, der in entscheidenden Momenten über das Zögern hinweghelfen kann. Europa muss entscheiden, ob es sich von der Angst lähmen lässt oder den Mut aufbringt, Verantwortung zu übernehmen und in eine entschlossene Zukunft zu steuern. Vielleicht ist Orbán gar nicht der eigentliche Hemmschuh der Entschlossenheit Europas. Vielmehr könnte die wahre Herausforderung in einem kollektiven Mangel an Mut liegen, der sich aus einer tief verwurzelten Angst vor nuklearer Eskalation speist. Die

Einschüchterungs-Taktiken durch nukleare Drohungen wirken auf manche europäische Entscheidungsträger wie ein unsichtbares, aber äusserst wirksames Hindernis. Sie lähmen nicht nur die politischen Diskussionen, sondern verhindern auch eine klare, entschlossene Handlungsweise.

Die Entscheidungs-Schwäche in der Kanzlerschaft Scholz ist möglicherweise auf dieses psychologische Phänomen zurückzuführen, das mit einer Art konditionierter Angst oder Fehlwahrnehmung der Bedrohung zusammenhängt.

Diese Art von Vermeidungsstrategie, das Zögern und Ausweichen, um grössere Konflikte zu verhindern, ist nicht unbedingt das Resultat von Schwäche im traditionellen Sinne, sondern eher eine Reaktion auf den psycho-politischen Druck, der durch die wahrgenommene Kriegsgefahr und die globalen Machtspiele entsteht, der schwache Charaktere nicht gewachsen sind. In gewisser Weise spiegelt es die Selbstschutz-Logik wider, die in der

Hoffnung, das Übel zu vermeiden, in der Praxis zur Handlungsunfähigkeit animiert.

Worin liegt die Feigheit einer satten Gesellschaft begründet? Wie ist eine derartig feig destruktive Haltung aus den kommenden Generationen heraus zu halten? In einer gesättigten Gesellschaft leben viele blindlings in ihrem gewohnten Umfeld und haben wenig Anreiz, Risiken einzugehen oder sich für Veränderungen einzusetzen. Der Verlust von Komfort wird zwar als bedrohlich empfunden werden, was nichts daran ändert, am Status quo hängen zu bleiben. Die Gesellschaft lebt nicht selten in einem Zustand der Bequemlichkeit, was sie in eine falsche Sicherheit wiegt. In solchen Fällen sind die Menschen dann so sehr auf ihre eigenen Belange fokussiert, dass sie nicht wahrnehmen, wie fragil diese Freiheitsrechte sind. Auch politische Entscheidungsträger, die ja eigentlich als Hüter dieser Freiheit auftreten sollten, scheinen sich manchmal von kurzfristigen Interessen oder populistischen Strömungen ablenken zu lassen. Der Fokus verschiebt sich

von der tatsächlichen Sicherung der Freiheit hin zu
Machtpolitik, kurzfristigem Gewinn oder dem Schielen auf
die nächste Wahl.

Es ist fast, als würde die Gesellschaft in eine Art
Schlummerzustand verfallen, während die Grundlagen der
Liberalität, Meinungsfreiheit, Pluralismus,
Gleichberechtigung schleichend angegriffen werden. Der
Tag wird kommen, an dem man vielleicht feststellt, dass
die vermeintlich selbstverständlichen Werte plötzlich gar
nicht mehr so selbstverständlich sind. Das Tragische ist,
dass viele diese Entwicklung erst bemerken, wenn es
schon zu spät ist, oder wenn die politische Landschaft sich
so sehr verändert hat, dass die Aushöhlung der Liberalität
nicht mehr als solches erkannt wird. So gesehen braucht
es eine Art Wachrütteln der Gesellschaft, ein Bewusstsein
für den wertvollen Schatz, den wir in der Liberalität
tragen. Und je mehr Menschen und Entscheidungsträger
das verstehen, desto besser sind wir gewappnet, um die
Herausforderungen der Zukunft zu meistern, ohne unsere

Freiheit aufzugeben.

Passivität kann als Feigheit betrachtet werden, weil sie die Bereitschaft zur Konfrontation mit unbequemen Wahrheiten, schwierigen Entscheidungen oder dem Eintreten für Veränderungen verringert. In Zeiten des Überflusses ist man eher geneigt, in seinem eigenen kleinen komfortablen Mikrokosmos zu bleiben, anstatt sich in den sozialen oder politischen Diskurs einzubringen. In einer solchen Gesellschaft greift auch eine zunehmende Angst vor Veränderungen um sich. Der Status quo, obwohl möglicherweise nicht perfekt, wird als sicher eingeschätzt und jede Form von Veränderung erscheint als bedrohlich. Diese Haltung schlägt dann in eine tiefere Destruktivität um, wenn die Gesellschaft kollektiv in eine passive Haltung verfällt, die es ihr nicht erlaubt, notwendige Veränderungen zu vollziehen.

Die junge Generation müsste sich vor Augen halten, was Resilienz bedeutet und bewirken kann. Es geht um die

Fähigkeiten, Rückschläge zu überwinden und sich nicht von Widrigkeiten entmutigen zu lassen. Eine Gesellschaft, in der Empathie und ein starkes Gemeinschaftsgefühl gepflegt werden, ist weniger geneigt, in eine destruktive Feigheit zu verfallen. Wenn Menschen sich als Teil eines grösseren Ganzen verstehen, fühlen sie sich eher verpflichtet, Verantwortung zu übernehmen und sich für die Gemeinschaft einzusetzen.

In einer solchen Gesellschaft sind Menschen nicht nur isolierte Individuen, sondern sehen sich als aktive Teilhaber an der sozialen und kulturellen Gestaltung. Diese Verantwortung zu übernehmen bedeutet, dass man nicht nur auf den eigenen Vorteil achtet, sondern auch das Wohl der anderen im Blick behält und sich selbst für Veränderungen einsetzt. Es ist also eine gesunde Mischung aus Resilienz, Empathie und dem Gefühl der Zugehörigkeit zu einer Gemeinschaft, die es der jungen Generation ermöglicht, die Feigheit einer übermässig komfortablen Gesellschaft zu überwinden.

Gesucht ist eine Art Superhelden-Team, wo jeder und jede mit seinen und ihren eigenen Fähigkeiten, aber alle gemeinsam auf einer Mission unterwegs sind, das Wohl der Gemeinschaft zu retten. Statt ständig nur nach dem perfekten Instagram-Post zu jagen, denken sie an die Welt da draussen und fragen sich, wie sie helfen könnten.

Gemeinschaftshelden zeigen, dass jeder von ihnen die Fähigkeit hat, etwas zu bewirken. Es geht nicht nur darum, Superkräfte zu haben, sondern auch darum, mit Empathie, Kreativität und Engagement für das Wohl der Gemeinschaft einzutreten.

15. WO STEHEN DIE MEDIEN?

Es gibt sie zu Hauf, die Möchte-Gern-Analysten mit wenig fundierter Ausbildung. Weniger sind es schon die brillanten Analysten, aber es gibt sie. Die Medienlandschaft steht in einer Zeit des Umbruchs, einer Mischung aus Informationsüberflutung und Echokammern, die es zunehmend schwierig macht, zwischen wirklichem Wissen und oberflächlicher Spekulation zu unterscheiden. Die Vielzahl von Möchte-Gern-Analysten tummeln sich gerne in den sozialen Medien herum oder geben in Massenpublikationen ihre Meinungen preis, ohne über eine fundierte Ausbildung oder das tiefe Fachwissen politischer, empirischer, aber auch psychologischer Art, das eine fundierte Analyse ausmacht, zu verfügen. Diese selbsternannten Experten haben sich durch die Demokratisierung von Informationen und die Plattformen des digitalen Zeitalters weiter ausgebreitet. Sie produzieren Oberflächlichkeiten, die mehr auf Sensationen als auf substanzieller Einsicht basieren.

Auf der anderen Seite gibt es natürlich die brillanten Experten, die wirklich fundiertes Einblicke in die komplexen politischen, wirtschaftlichen und gesellschaftlichen Phänomene bieten. Diese Fachleute sind jedoch eher eine seltene Spezies in einer Medienwelt, die zunehmend schnelllebig, clickbait-gesteuert und oft auf kurzfristige Aufmerksamkeit ausgerichtet ist. Es erfordert viel Geduld und Expertise, um zu den wirklichen Experten vorzudringen. Es ist schwierig, denn die Komplexität der Themen wird oft durch die ständige Forderung nach vereinfachten, zugänglichen Erklärungen verzerrt.

Es gibt sie zu Hauf, die Tollpatsche der Journalistik. Warum holen sie die Medien-Unternehmen? Wohl weil sie billig sind. Sie setzen auf Sensationsgier und schnelle oberflächliche Berichterstattung setzen, anstatt tiefgründige und gut recherchierte Inhalte zu liefern. In vielen Fällen werden auch Tools wie künstliche Intelligenz oder automatisierte Newsfeeds eingesetzt, um Nachrichten schnell und billig zu produzieren. Dies senkt die Kosten, aber auf Kosten der Qualität und der geistigen Perspektive. Die Redaktionen vieler Medienhäuser sind geschrumpft, was dazu führt, dass weniger Journalisten und Redakteure für gründliche Recherchen und Berichterstattung zur Verfügung stehen. Die Arbeitslast wird auf weniger Schultern verteilt, und die Qualität leidet.

Die Medienindustrie hat sich stark gewandelt, und der Wettbewerb um Aufmerksamkeit hat dazu geführt, dass sogar manipulative Analysen in den Vordergrund rücken. Wie kann sichergestellt werden, dass in dieser Flut von Informationen die Stimmen der wahren Fachleute und brillanten Analysten nicht im Rauschen untergehen? Denn die Herausforderung für die Medien liegt nicht nur in der Verbreitung von Informationen, sondern auch darin, Wissen und Weisheit von Meinung und Scheinwissen zu unterscheiden.

Genau hier kommen die Verantwortung und die Relevanz von Think-Tanks und Rating-Agenturen ins Spiel. Sie sind die Institutionen der Zukunft, die den Anspruch haben, qualitativ hochwertige Analysen und objektive Bewertungen zu liefern. Rating-Agenturen ganz anderer Art als die Finanzmarkt-Überprüfer haben die Aufgabe, den politischen Status von Ländern, Aktionen und Entscheidern zu bewerten. Auch die finanzielle Vulnerabilität stellt ein grosses Sicherheits-Risiko dar.

Staaten, die eine hohe Verschuldung haben oder ihre Kreditwürdigkeit verlieren, sind anfälliger für wirtschaftliche und gesellschaftliche Krisen. Ein solcher Fall schlägt nicht nur die Lebensqualität der Bürger hinunter, sondern treibt auch zu sozialer Unruhe oder sogar zu politischer Instabilität, da Regierungen gezwungen sind, drastische Massnahmen wie Sparprogramme oder Steuererhöhungen zu ergreifen. Länder mit schwachen Finanzsystemen sind weniger in der Lage, in Sicherheits- und Verteidigungsmassnahmen zu investieren. Das macht sie anfälliger für äussere Bedrohungen, da ihre militärische oder diplomatische Handlungsfähigkeit eingeschränkt ist.

Finanzielle Instabilität macht sowohl Unternehmen als auch Staaten zu attraktiven Zielen für Cyberkriminalität und Hackerangriffe. Kriminelle Organisationen und feindliche Staaten werden damit eingeladen, sich auf die Zerstörung von Finanzsystemen oder die Manipulation von Finanzmärkten zu konzentrieren. Finanzielle Instabilität und das Fehlen von Investitionen in Unternehmen führen auch zu Problemen in globalen Lieferketten, was die Wirtschaftssicherheit und die Versorgung mit lebenswichtigen Gütern gefährdet. Dies betrifft nicht nur die Wirtschaft, sondern auch die lokale Sicherheit, insbesondere in Bezug auf kritische Infrastrukturen. Der Schutz der finanziellen Stabilität ist also ebenso wichtig wie der Schutz vor militärischen Bedrohungen, wenn es darum geht, die langfristige Sicherheit eines Landes zu sichern.

Die Bewährungsprobe für die Evaluierungs-Fachgremien besteht darin, Vertrauen zu gewinnen und zu bewahren. In einer Welt, in der politische und wirtschaftliche Interessen oft den Ton angeben, müssen diese Institutionen ihre Unabhängigkeit und Integrität in Frage stellen und das in einem Umfeld, in dem Skepsis gegenüber institutionellen Bewertungen häufig wächst. Ihr Ruf ist auf dem Spiel, wenn sie nicht in der Lage sind, den Unterschied zwischen unabhängiger Analyse und meinungsgetriebenem Diskurs zu wahren.

Der freie Markt könnte tatsächlich eine sehr wichtige Rolle dabei spielen, die Integrität von Think-Tanks und Rating-Agenturen zu fördern, indem er eine natürliche Selektionskraft bereitstellt. In einem Markt, in dem Verlässlichkeit und Glaubwürdigkeit die Grundlage für langfristigen Erfolg sind, müssen diese Institutionen sicherstellen, dass sie ihren Anspruch auf Objektivität tatsächlich erfüllen. Wenn sie das nicht tun, besteht die

Gefahr, dass sie von besseren, transparenten Anbietern verdrängt werden.

In einem Umfeld, in dem User-Erwartungen zunehmend nach objektiven und präzisen Informationen verlangen, werden sich langfristig nur diejenigen durchsetzen, die glaubwürdig und verlässlich sind. Rating-Agenturen, die exakte Bewertungen abgeben und ihre Methodologie offenlegen, könnten beispielsweise im Vergleich zu weniger transparenten Anbietern einen klaren Vorteil gewinnen. Think-Tanks, die unabhängig und unvoreingenommen analysieren und diese Analysen klar und nachvollziehbar darstellen, haben die Chance, eine wachsende Anhängerschaft unter denjenigen zu finden, die auf der Suche nach fundierten, faktenbasierten Erkenntnissen sind.

Die Marktmechanismen bieten zudem eine Rückkopplungsschleife, die eine Art von Selbstregulation ermöglicht. Wenn eine Institution wie ein Think-Tank oder eine Rating-Agentur mit unverhohlenen politischen oder wirtschaftlichen Interessen agiert und ihre Unabhängigkeit infrage stellt, wird sich das relativ schnell auf dem Markt widerspiegeln. In einer Welt, die zunehmend durch digitale Transparenz und öffentliche Diskussionen geprägt ist, wird es für solche Institutionen immer schwieriger, meinungsgetriebenen Diskurs als qualitative Analyse zu tarnen.

Der Wettbewerb auf dem freien Markt kann daher in der Tat eine positive Dynamik schaffen, die zur Wahrung des Vertrauens in Think-Tanks und Rating-Agenturen beiträgt. Wenn diese Institutionen in der Lage sind, ihre Unabhängigkeit aufrechtzuerhalten, werden sie in der Lage sein, Vertrauen zu gewinnen und sich in einemzunehmend kritischen und skeptischen Umfeld zu behaupten.

16. ALLIANZEN, DIE ASSETS DER GLOBALEN ZUKUNFT

Allianzen sind bedeutende Assets der globalen Zukunft, und das auf vielen sich überschneidenden Ebenen. Die Welt ist immer stärker miteinander verflochten. Sie wird ohne Bündnisse nicht mehr auskommen. Zusammenarbeit hält sie über Wasser. Während früher vielleicht noch nationale Interessen und isolierte Machtstrukturen dominierten, sind es heute interdependente Netzwerke und strategische Partnerschaften, die den Erfolg sichern.

Nationale Alleingänge verlieren an Effektivität, da viele Herausforderungen, wie Sicherheit und Freiheit, Klimawandel, Pandemien oder technologische Disruptionen globale Lösungen erfordern. Strategische Partnerschaften ermöglichen es, die Ressourcen, Wissen und Technologien zu bündeln, um schneller und effektiver die Innovationen voranzutreiben. Keine Macht hat allein die Kapazitäten, alle Probleme zu lösen. Kooperation ist daher essenziell.

Verschiedene Units haben unterschiedliche Stärken.
Indem sie zusammenarbeiten, können sie ihre Ressourcen,
ihr Wissen und ihre Technologien bündeln. Vom
Klimawandel bis zu den Herausforderungen der
künstlichen Intelligenz, es sind globale Themen und sie
brauchen globale Lösungen. Und strategische
Partnerschaften sind es, die Konflikte minimieren.

Wenn Allianzen den Austausch zwischen Kulturen und
Gesellschaften ins Rollen bringen, können sie auch
Missverständnisse abbauen. Eine vernetzte Welt ist eine,
die sich gegenseitig besser versteht. Die globalen Assets
der Zukunft sind deshalb nicht nur in Rohstoffen oder Geld
zu finden, sondern in den Beziehungen, die geknüpft
werden. Den Vorsprung lukrieren diejenigen, die solche
Netzwerke effektiv aufbauen, sei es durch technische
Innovation, Krisenbewältigung oder geopolitische
Stabilität.

Die Länder müssen sich in einem fragmentierten globalen System positionieren und strategische Partnerschaften nutzen, um ihre Interessen zu wahren. Gleichzeitig bieten Allianzen den Mittelmächten und Schwellenländern Chancen zur Stärkung ihrer geopolitischen Rolle. Doch auch Irritationen sind in jeder Allianz unvermeidlich. Manchmal sind sie die Prüfsteine, an denen die Stärke und Resilienz einer solchen Partnerschaft gemessen werden. Die größten Störungen entstehen, wenn Erwartungen nicht erfüllt werden, Werte nicht übereinstimmen oder Interessen in Konflikt geraten.

Auch wenn sie ein enormes Potenzial für Fortschritt und gemeinsame Stärke bieten, können Allianzen, wenn eines der Räder aus dem Takt gerät, die gesamte Maschinerie ins Stocken geraten lassen. In einer Welt, in der jeder Teil einer globalen Allianz miteinander verflochten ist, wird das Versagen eines Partners, sei es politisch, wirtschaftlich oder sozial, weitreichende Folgen haben. Es ist wie in einem Uhrwerk - wenn ein Zahnrad klemmt oder sich loslöst, sind ganze Teile der Maschinerie außer Kraft gesetzt.

Wenn ein Mitglied einer Allianz plötzlich in politische Turbulenzen oder Instabilität gerät, sei es durch einen Regierungswechsel, Konflikte oder ideologische Spaltungen, wird das die gesamte Zusammenarbeit gefährden. Ein instabiler Partner verunsichert sofort die ganze gemeinsame Agenda. Nehmen wir als Beispiel die geopolitische Lage in bestimmten Regionen, wo politische Umwälzungen in einem Land, Auswirkungen auf benachbarte Nationen haben und sogar internationale Kooperationen ins Trudeln bringen.

Deswegen sollten Allianzen sollten nicht nur darauf ausgerichtet sein, von den Vorteilen der Zusammenarbeit zu profitieren, sondern auch auf eine Strategie der Resilienz setzen. Das bedeutet, dass man Mechanismen entwickelt, um im Falle eines Durchdrehens eines Rades die Allianz trotzdem aufrecht zu erhalten. Dabei wird ein gewisses Maß an Flexibilität entscheidend sein. Sobald ein Partner in eine Krise gerät, sollte die Allianz in der Lage sein, sich anzupassen und die Zusammenarbeit auf andere Weise fortzusetzen oder alternative Lösungen zu finden. Allianzen sollten nicht ausschließlich von einem einzigen Partner abhängen. Die Diversifizierung der Beziehungen und Ressourcenverteilung auf mehrere starke Partner kann helfen, das Risiko zu minimieren, damit das Scheitern eines einzelnen Partners nicht die gesamte Allianz zu Fall bringt.

In Allianzen, in denen sich Partner zu sehr aufeinander verlassen, kann es zu einer Überlastung kommen. Ein Mitglied fühlt sich unter Druck gesetzt, immer mehr zu liefern, während andere Partner zurücktreten oder weniger beisteuern. Dies erzeugt Gefühle, ausgenutzt zu werden, was Frustration und Resignation nach sich zieht. Es erfordert die Bereitschaft, Konflikte anzuerkennen und gemeinsam Lösungen zu finden. Eine Allianz sollte nicht nur in Zeiten des Wohlstands und Erfolgs florieren, sondern auch dann, wenn die Dinge ins Wanken geraten.

Sobald eine Irritation auftritt, ist es wichtig, den Konflikt nicht zu ignorieren oder zu verbergen. Die Fähigkeit, sich an Veränderungen anzupassen und die Ziele der Allianz regelmäßig zu überprüfen, hilft, eine Allianz in einer sich ständig verändernden Welt auf Kurs zu halten. Irritationen sind also nicht unbedingt das Ende einer Allianz, sondern eine Chance, die Zusammenarbeit zu vertiefen und zu stärken. Wenn man sie als Test der Resilienz und als Möglichkeit zur Verbesserung sieht, können solche Sandkörner in der Maschinerie eine entscheidende Rolle dabei spielen, eine Allianz langfristig erfolgreich zu machen.

Um ein globales Bündnis zu schaffen, das etwaig Indien, Südkorea, Kanada, die VAE und Europa umfasst, müsste eine gemeinsame Vision entwickelt werden, die auf den Werten von Multilateralismus, Innovation, nachhaltiger Entwicklung, Frieden und wirtschaftlicher

Zusammenarbeit fusst. Ein solches Bündnis könnte durch die Schaffung einer neuen transkontinentalen Allianz die strategischen Stärken und gemeinsamen Interessen dieser verschiedenen Akteure vereinen und die geopolitische Landschaft positiv beeinflussen. Ein solches Bündnis würde zweifellos ein starkes geopolitisches Signal senden und könnte die Dynamik der internationalen Beziehungen nachhaltig verändern. Die genannten Werte Multilateralismus, Innovation, nachhaltige Entwicklung, Frieden und wirtschaftliche Zusammenarbeit bieten eine hervorragende Grundlage für die Schaffung einer transkontinentalen Allianz, die nicht nur als wirtschaftliche, sondern auch als politische und kulturelle Plattform fungieren könnte.

Indien, Kanada oder selbst die VAE haben sich immer wieder für den Multilateralismus und eine regelbasierte internationale Ordnung ausgesprochen. Europa, als einer der grössten Vertreter multilateraler Institutionen, und Südkorea, das ebenfalls stark an internationaler

Kooperation interessiert ist, könnten die treibenden Kräfte hinter einer solchen Allianz sein.

Eine regelbasierte Weltordnung, die internationale Kooperation, Friedenssicherung und die Stärkung von politischen Gemeinsamkeiten würde einen klaren Impact abgeben. Friedenssicherung, Finanzen und Welthandel als äussere, Innovation und wissenschaftliche Zusammenarbeit als interne Komponenten könnten das Gerüst ausmachen

Ein globales Bündnis, das Indien, Südkorea, Kanada, die VAE und Europa vereint, könnte eine transformative Rolle in der geopolitischen und wirtschaftlichen Landschaft spielen. Es könnte den Weg für eine spezifische Ära der internationalen Zusammenarbeit, Innovation und nachhaltigen Entwicklung ebnen, indem es die Stärken und gemeinsamen Interessen dieser Länder in einem dynamischen Bündnis vereint. Eine solche Allianz müsste jedoch eine gemeinsame Vision und klare Strategien verfolgen, die sowohl intern als auch extern eine effektive Zusammenarbeit befeuert. Alle Mitgliedsstaaten dieses Bündnisses, von den aufstrebenden Märkten wie Indien und den VAE bis hin zu etablierten westlichen Mächten wie Kanada und Europa, haben sich wiederholt für Multilateralismus und eine regelbasierte internationale Ordnung ausgesprochen. Diese Allianz könnte als eine solide kooperative Struktur dienen.

Das Bündnis könnte als eine Friedens- und Sicherheitsarchitektur fungieren, die ihre geostrategische Position nutzt, um globalen Konflikten vorzubeugen und Konfliktlösungskompetenz zu entwickeln. Indien, das im indopazifischen Raum eine Schlüsselrolle spielt, und die VAE, die als Vermittler im Nahen Osten agieren, könnten in enger Zusammenarbeit mit Europa und Kanada eine führende Rolle bei der Friedenssicherung übernehmen. Besonders in Sicherheitsfragen wie der Bekämpfung von Terrorismus und der Sicherung internationaler Seewege könnten sich die Mitgliedsstaaten zusammenschliessen, um ihre politische und militärische Einflussnahme zu bündeln.

Ein weiteres zentrales Element der Allianz wäre die Förderung des Welthandels und der wirtschaftlichen Zusammenarbeit. Diese Strategie könnte durch die Förderung der nachhaltigen Entwicklung und einer Finanzkooperation ganz anderer Art gestützt werden. Die Mitgliedsstaaten würden ihre Finanzmärkte stabilisieren und nachhaltige Finanzierungsmodelle unterstützen, die auf umweltfreundlicher Infrastruktur und einem militärischen Sicherheitskonzept basieren.

Durch einen verstärkt offenen, gerechten Welthandel würde eine multilaterale Weltordnung es vielleicht schaffen, den globalen Frieden und die wirtschaftliche Stabilität abzusichern. Das Bündnis würde als eine Friedens- und Sicherheitsarchitektur fungieren, die die Lage der Mitgliedsstaaten berücksichtigt und gemeinsam eine Verantwortung für die internationale Stabilität übernimmt. Besonders in den Bereichen Terrorismusbekämpfung, Sicherstellung internationaler Seewege und Friedensmissionen könnte das Bündnis die Zusammenarbeit vertiefen.

Während Indien im indopazifischen Raum eine aufstrebende Macht, könnten die VAE als diplomatische Brücke im Nahen Osten fungieren. Europa könnte von der verstärkten militärischen und sicherheitspolitischen Zusammenarbeit profitieren, um seine Ostflanke abzusichern und gleichzeitig als Bindeglied zwischen dem Atlantik und dem Indopazifik agieren. Der verstärkte Austausch in der militärischen Sicherheit, insbesondere in Bereichen wie Cybersecurity, Anti-Terror-Operationen und der Sicherung globaler See- und Luftwege würde die Interessen aller Beteiligten tangieren.

Ein weiterer entscheidender Bestandteil dieses Bündnisses ist die wirtschaftliche Zusammenarbeit, mit einem starken Fokus auf den Welthandel, **auf** die nachhaltige

Entwicklung und auf die Stabilisierung der Finanzmärkte. Ein faires und offenes Handelsumfeld sollte die umweltfreundlichen und grünen Technologien fördern.

Für Europa wäre es von Vorteil, die wirtschaftliche Zusammenarbeit mit aufstrebenden Märkten wie Indien und dem Mittleren Osten zu intensivieren. Dies festigt die wirtschaftliche Struktur Europas, insbesondere im Hinblick auf neue Märkte und Technologien. Für Südkorea und Kanada könnte das Bündnis zusätzliche Märkte und Kooperationspartner öffnen, besonders im Bereich der grossen Zukunfts-Technologien.

Die gemeinsame Entwicklung von technologischen Innovationen in Bereichen wie KI, Blockchain, grüne Energie **und** digitale Transformation hilft den Mitgliedsstaaten, ihre globale Wettbewerbsfähigkeit zu steigern und eine nachhaltige, digitale Wirtschaft weiter nach vorne zu bringen. Nicht zu unterschätzen ist das Segment des Forschungsaustausches und der Startups in gemeinsamen wissenschaftlichen Zentren.

Da die angesprochenen Länder besonders an einer geopolitischen Sicherheit interessiert sind, sollten die Teilhaber dieses Bündnisses ein gleichgewichtetes sicherheitspolitisches Netzwerk schaffen, das durch strategische Allianzen und militärische Zusammenarbeit die Stabilität aufrechterhält. Das Bündnis könnte auf Verteidigungskooperationen und geostrategischen Sicherheitsabkommen setzen, um die Friedensprozesse in kritischen Regionen wie dem Indopazifik, dem Nahen Osten und der Ostflanke Europas zu festigen.

Ein solches globales Bündnis könnte tatsächlich eine interessante Dynamik in der internationalen Politik und Wirtschaft erzeugen. Man stelle sich vor, wie die USA, China und Russland darauf reagieren würden. Es ist nicht schwer, sich vorzustellen, dass alle drei Mächte ein wenig nervös auf so eine Allianz blicken würden. Denn während diese Länder mit eigenen Interessen und Ambitionen das geopolitische Schachbrett unbedingt dominieren wollen, könnte ein Bündnis aus Indien, Südkorea, Kanada, den VAE und Europa ihre etablierten Vorherrschaften ins Wanken bringen.

Die USA wären vermutlich die ersten, die zwischen Besorgnis und opportunistischer Neugier daher kämen. Einerseits haben sie enge Beziehungen zu Kanada und Europa, andererseits könnten sie sich fragen, ob dieses Bündnis nicht die globale Handelsordnung auf den Kopf stellt, die sie eigentlich selbst bestimmen wollen. Die USA setzen auf ihre Fähigkeit, in Bündnissen zu spielen und gleichzeitig den eigenen Vorteil zu suchen. Washington würde im neu auftauchenden Bündnis eine Herausforderung sehen und gleichzeitig einen Anstoss, die eigenen Handelsbeziehungen und Sicherheitsstrategien zu optimieren. Sind sie im internationalen Orchester dabei oder bleiben sie lieber einsame Alpha-Tiere?

Für China würde die Konkurrenz durchaus schärfer werden. Ein vereintes Bündnis dieser Länder könnte Chinas Einfluss in Asien und Afrika schwächen. Es würde also nicht überraschen, wenn Peking zunächst versucht, die eigenen Reaktionen an Kraft und Stärke auszuloten. Gleichzeitig würde es versuchen, die Länder innerhalb des Bündnisses zu spalten, um sie von einer vollständigen Zusammenarbeit abzuhalten. Ein Bündnis ist schön, aber abwarten, bis China seine Ambitionen aufdeckt.

Russland würde sofort Skepsis und Misstrauen gegenüber einer solchen Allianz hegen, besonders gegenüber der Rolle Europas und der VAE. Denn Russland hat tiefgehende geopolitische Interessen in Zentralasien und im Nahen Osten, die durch die Integration der VAE und die stärkere Rolle von Südkorea und Indien potenziell in Gefahr geraten könnten. Russland könnte sich mit seiner Mentalität der starken Hand abwenden oder aber versuchen, in die Lücke zwischen diesen Ländern zu schlüpfen, indem es sich als Vermittler oder Partner anbietet, um so die Allianz zu destabilisieren.

17. DIE FINANZIERUNGSKRAFT EINER GLOBALEN ALLIANZ

Eine Verbesserung der Funktion des Euro im globalen Währungssystem könnte weitreichende Vorteile für die neue Allianz bringen, sowohl in finanzieller als auch in geopolitischer Hinsicht. Eine stärkere Rolle des Euro würde dazu beitragen, das Risiko der Abhängigkeit von anderen grossen Währungen wie dem US-Dollar zu verringern. Insbesondere in Krisenzeiten könnte dies den Ländern und Institutionen der Allianz mehr Stabilität und Unabhängigkeit bieten. Dies würde die wirtschaftliche Stabilität verstärken und den Mitgliedern der Allianz mehr Kontrolle über ihre eigenen Finanzmärkte geben. Es könnte auch dazu führen, dass die Unternehmen aus der Allianz wettbewerbsfähiger werden, da sie im internationalen Handel bessere Konditionen erhalten könnten.

Ein Euro, der weltweit breiter akzeptiert ist, wird als

alternative Finanzquelle und Stabilitätsanker in einem zunehmend multipolaren internationalen System wahrgenommen werden. Märkte wie beispielsweise Indonesien und die Mercosur-Staaten bieten erhebliche Wachstumspotenziale. Diese Länder verzeichnen hohe Wachstumsraten und sind dabei, zu wichtigen Akteuren im internationalen Handel zu werden. Der Ausbau von Handelsverträgen könnte den Zugang zu diesen Märkten verbessern. Die Ausgabe von Anleihen oder die Bildung eines stabilen Kreditsystems könnte der Allianz ermöglichen, auf Kapitalmärkte zuzugreifen und ihre finanziellen Mittel flexibel und effektiv zu verwalten.

Die Frage ist, wie die Allianz die notwendigen Reformen und Strategien umsetzt, um den Euro in eine solche Position zu bringen. Eine kohärente und gemeinsame Politik innerhalb der Allianz würde das Vertrauen in den Euro stärken. Die Allianz könnte auch die Entwicklung von digitalen Währungen und innovativen Finanztechnologien unterstützen, die den Euro als Zahlungsmittel fördern und seine Nutzung in der digitalen Wirtschaft erhöhen. Die Allianz sollte Anreize schaffen, um den Euro als Zahlungsmittel für internationale Handelsverträge zu etablieren. Der Euro könnte durch den Ausbau von Währungs-Swap-Vereinbarungen mit anderen grossen Zentralbanken wie der Bank of Japan, der Bank of Canada, Bank of India oder der Central Bank of United Arab Emirates an Liquidität gewinnen. Dies würde die Verfügbarkeit des Euros im internationalen Finanzsystem erhöhen und würde gleichzeitig eine unerschöpfliche Finanzierungsquelle für Innovationen darstellen, die für die Steigerung von Produktivität und Wachstum entscheidend sind.

Die Finanzierungskraft einer globalen Allianz ist ein zentraler Aspekt für den Erfolg und die langfristige Stabilität der Allianz, besonders wenn sie in der Lage sein soll, den internationalen Wirtschaftsraum zu beeinflussen und ihre eigenen Interessen zu wahren. Eine starke finanzielle Basis ermöglicht nicht nur wirtschaftlichen

Einfluss, sondern auch geopolitische Macht. Eine herausragende Stellung des Euro im globalen Finanzsystem würde einer Allianz eine solide Grundlage für internationale Handels- und Finanztransaktionen bieten. Dies erhöht die finanzielle Autonomie, indem die Allianz weniger auf den US-Dollar angewiesen ist.

Mit einem Gegen-Part dazu spekuliert schon seit langem die Volksrepublik China. China hat in den letzten Jahren intensiv daran gearbeitet, den Yuan als alternative Währung zu etablieren, um die Abhängigkeit vom US-Dollar zu verringern. Ein entscheidender Schritt war die Aufnahme des Yuan in den Währungskorb des Internationalen Währungsfonds als offizielle Reservewährung im Jahr 2016. Diese Entscheidung machte den Yuan zu einer wichtigen Währung im internationalen Handel und in den globalen Finanzmärkten.

Die Strategie, die China verfolgt, beinhaltet sowohl die Förderung des chinesischen Yuan als globaler

Reservewährung als auch die Diversifizierung der internationalen Handelsbeziehungen und Finanzinstrumente. China hat auch versucht, den Yuan im globalen Ölhandel, vor allem mit der Einführung von Yuan-denominierten Öl-Futures stärker zu positionieren. Wenn Länder Öl in Yuan statt in US-Dollar handeln, könnte dies zu einer Verlagerung hin zu einer Bipolarität der globalen Reservewährungen Dollar und Yuan führen.

Darüber hinaus bieten chinesische Banken Kredite in Yuan an, was dazu beiträgt, den Dollar in den betroffenen Regionen zu verdrängen und die weltweite Nutzung des Yuan zu fördern. China hat bilaterale Währungsabkommen mit vielen Ländern abgeschlossen, bei denen der Handel direkt in nationalen Währungen oder in Yuan abgewickelt wird, statt den US-Dollar als Zwischenwährung zu verwenden. Dies trägt dazu bei, die Rolle des US-Dollars im internationalen Handel weiter zu reduzieren und die internationale Nachfrage nach dem Yuan zu erhöhen. Eine solch finanzielle Hegemonialstellung kann doch nicht allen gefallen. Für die USA würde der Verlust des Dollars als globale Reservewährung bedeuten, dass sie weniger Kontrolle über internationale Kapitalströme hätten und ihre Handelsdefizite nicht mehr so leicht finanzieren könnten.

Da der Yuan strengen nationalen Kapitalverkehrs-kontrollen unterliegt, hat die chinesische Regierung einen erheblichen Einfluss darauf, wie der Yuan gehandelt und in internationalen Märkten genutzt wird. Diese Form der Kontrolle könnte internationale Akteure abschrecken, die eine grössere Währungsfreiheit bevorzugen. Der Yuan ist trotz seiner zunehmenden internationalen Nutzung stark anfällig für politische Eingriffe und Marktschwankungen. Für viele Länder ist der Yuan daher weniger attraktiv, weil er nicht die gleiche Flexibilität bietet wie der Dollar oder der Euro.

Die neuartige globale Allianz würde von der Schaffung neuer Finanzinstrumente oder einer verstärkten Rolle des

Euro gemeinschaftlich profitieren. Sie kann ihre eigene Reservewährung fördern und die Verwendung des Euro in internationalen Handelsbeziehungen steigern. Die Schaffung eines robusten und stabilen Finanzsystems, das nicht auf den US-Dollar angewiesen ist, verschafft damit eine stärkere Position auf der globalen Bühne. Es wird spannend zu sehen sein, wie diese geopolitischen und wirtschaftlichen Verschiebungen die weltwirtschaftliche Ordnung in den kommenden Jahren beeinflussen werden.

Wenn die Allianz eigene Fonds für die Finanzierung von Infrastrukturprojekten und Entwicklungsinitiativen in aufstrebenden Märkten auflegt, würden diese nicht nur den Mitgliedsstaaten zugutekommen, sondern auch den Zugang zu Ressourcen in wachstumsstarken Regionen öffnen. Da Nachhaltigkeit einen wachsender Sektor darstellt, könnte die Allianz durch die Förderung von grünen Technologien und Projekten, die auf erneuerbare Energien setzen, sowohl die Umwelt schonen als auch ihre wirtschaftliche Unabhängigkeit und Innovationskraft stärken.

Würde die Allianz zudem eigene Finanzinstitutionen oder Banken gründen, um die finanziellen Interessen der Mitgliedsländer zu bündeln und zu verwalten, könnte sie auch als Kreditgeber in internationalen Märkten auftreten und damit die eigene politische sowie wirtschaftliche Position stärken. Im Falle von geopolitischen Spannungen oder Wirtschaftskrisen wirkt eine starke Finanzkraft auch als stabilisierender Faktor für die Weltwirtschaft.

18. APPROACHES

Eine regelbasierte Weltordnung, die internationale Kooperation, Friedenssicherung und die Stärkung politischer Gemeinsamkeiten vorantreibt, könnte ein starkes globales System schaffen. Äußere Komponenten wie Welthandel, Finanzen und Friedenssicherung bieten Stabilität, indem sie wirtschaftliche Verflechtungen und multilaterale Zusammenarbeit vorantreiben, was per se globale Konflikt-Risiken reduziert.

Ein neuartiges Bündnis zwischen transatlantischen, asiatischen Ländern und Europa würde eine bedeutende Plattform für multilaterale Zusammenarbeit darstellen, die sich auf technologische Innovation, wirtschaftliche Stärke, Sicherheitskooperation und kulturellen Austausch konzentriert. Durch die Bündelung der Ressourcen und Fähigkeiten dieser Entitäten könnte das Bündnis nicht nur die Interessen seiner Mitglieder fördern, sondern auch einen positiven Einfluss auf die globale Ordnung ausüben. Netzwerke stärken nicht nur die wirtschaftliche Basis der beteiligten Akteure, sondern fördern auch Stabilität und Wachstum. Durch den Aufbau von Win-Win-Partnerschaften steigern die Partner ihre Effizienz und reduzieren mögliche Unsicherheiten. Die Zukunft gehört denen, die Netzwerke effektiv aufbauen und nutzen, sei es durch Innovation, Krisenbewältigung oder durch geopolitische Stabilitäts-Bestrebungen. Das haben noch nicht alle so richtig erkannt. Netzwerke in Form von kulturellen Verbindungen, wirtschaftlichen Partnerschaften oder digitalen Plattformen sind der Antrieb, um Innovation voranzutreiben, Krisen zu meistern und Stabilität zu sichern. Gerade in Zeiten der Unsicherheit und Turbulenzen zeigt sich die wahre Kraft von gut etablierten Netzwerken. Sie ermöglichen einen schnelleren Wissensaustausch, erleichtern den Ressourcenzugang und fungieren damit als Unterstützungssysteme.

Um effektive Netzwerke aufzubauen, ist es wichtig, zielgerichtet zu agieren. Sie sollten nicht beliebig entstehen, sondern auf spezifische Ziele und Bedürfnisse ausgerichtet sein. Man sollte genau wissen, welche Ressourcen oder Informationen benötigt werden und wer im Netzwerk mitspielt. Netzwerke basieren nicht nur auf reiner Verbindung, sondern auf dem Austausch von Mehrwert. Wer anderen hilft und nützliche Informationen, Ressourcen oder Unterstützung bietet, wird langfristig auch mehr zurückbekommen. Netzwerke operieren symbiotisch, nicht einseitig. Im ihrem Aufbau spielt Vertrauen eine zentrale Rolle. Beziehungen müssen über die Zeit gepflegt werden und es ist wichtig, nicht nur im Notfall oder bei akuten Bedürfnissen um Unterstützung zu bitten, sondern im kontinuierlichen Wettbewerb.

Während die Welt noch auf der Suche nach der nächsten großen Disruption ist, haben diejenigen, die die Macht von Netzwerken erkannt haben, längst ihre kleinen, unsichtbaren Fäden gezogen und den Game-Changer in der Tasche. Wer hätte gedacht, dass der Schlüssel zur Zukunft nicht in High-Tech-Überraschungen oder geheimen Rezepten für den nächsten Bitcoin steckt, sondern in der einfachen Kunst des Verbindens und Kooperierens?

Netzwerke sind wie unsichtbare Spinnennetze, die so geschickt gewebt wurden, dass sie nicht nur das wirtschaftliche Fundament stärken, sondern auch als Stabilitätsankern in stürmischen Zeiten fungieren. In Krisenzeiten, wenn alle in Panik verfallen und nach einem Ausweg suchen, ist es der gut etablierte Kreis von Partnern, die bereits Hand in Hand gehen und die wissen, wo der nächste Rettungsring zu finden ist.

Die Bedeutung von Netzwerken wird weiterhin enorm wachsen, und zwar aus mehreren Gründen. Die Digitalisierung, der schnelle technologische Wandel und die zunehmende Globalisierung machen sie zu einem strategischen Vorteils-Promotor. Länder, die ihre internationalen Beziehungen und Handelsnetzwerke stärken, haben unzweideutig einen strategischen Vorteil. Wirtschaftliche Abhängigkeiten und multilaterale Kooperationen bieten den stabilen Rahmen, der auch bei geopolitischen Spannungen als Puffer funktioniert. Verschiedene Perspektiven, Branchen und Disziplinen bereichern das Netzwerk und machen es widerstandsfähiger und flexibler.

Gerade in Zeiten von Unsicherheit und Turbulenzen zeigt sich die wahre Kraft von gut etablierten Netzwerken. Sie ermöglichen schnelleren Wissensaustausch, Ressourcenzugang und können als Unterstützungssysteme fungieren. Das sind Erkenntnisse, die ein Präsident Trump beispielsweise völlig verkennt. Sein Ansatz basiert auf dem Prinzip der macht-strotzenden Isolation mittels Einzel-Deals. Er legt den Fokus auf nationale Vorteile und Autarkie. In seiner süffisanten Art steht er grundsätzlich skeptisch gegenüber internationalen Allianzen und multilateralen Abkommen. Allerdings hat diese

Herangehensweise auch die Herausforderungen eines immer stärker globalisierten und vernetzten Weltsystems unterstrichen. Selbst wenn man als Nation unabhängig und selbstgenügsam sein möchte, ist es schwer, mit der globalen Konkurrenz; die sich in Netzwerken bewegt, mitzuhalten. Immer wenn sich die USA von globalen Partnern abkoppeln, werden andere Länder schnell die Lücke füllen und strategische Vorteile erlangen.

Betrachtet man die geopolitische Landschaft, wird schnell deutlich, dass stabile Allianzen zwischen Ländern entscheidend sind, um regionale als auch globale Stabilität zu gewährleisten. Ein global vernetztes und kooperatives System wirkt geopolitischen Spannungen entgegen, während Isolationismus potenziell zu mehr Spannungen und Unsicherheit führt. Rücksichtslos will Trump es durchpeitschen, dass die USA durch Handelsabkommen und internationale Verträge nur Vorteile für sich einspielen. Damit hat er auch einen Teil der Möglichkeiten verloren, von globalen Kooperationen zu profitieren, über die die USA einst verfügten und die in einer zunehmend vernetzten Welt von so entscheidender Bedeutung sind. Donald Trump und Netzwerke, das ist wie Öl und Wasser oder anders ausgedrückt , wie ein Smartphone ohne WLAN. Da ist der Mann, der die weltgrößte Nation führt, aber gleichzeitig die Idee, sich mit anderen Ländern zu vernetzen, als Schwäche ansieht. Er wie seine Co-Ideologen ziehen es vor, statt sich global mit anderen Akteuren zusammenzuschließen, wie der einsame Wolf im Wald zu brüllen, leider ohne zu bemerken, dass der Rest der Welt längst in einem viel größeren, miteinander verknüpften System arbeitet, das sie einfach nicht erkannt haben. Ihre Haltung zu internationalen Abkommen ist der Versuch, den Staubsaugerbeutel zu leeren, indem man das Gerät einfach aus der Steckdose zieht: keine gute Idee. Am Ende verwandeln sie nicht nur das Gerät, sondern auch den gesamten Raum in ein Chaos. Statt sich die Finger an internationalen Beziehungen schmutzig zu machen, entscheiden sie sich lieber, das diplomatische Solo- Spiel zu gewinnen. Das Ergebnis ist ein globaler

Handlungsraum, in dem die USA sich im Prinzip selbst in den Fuß schießen, während der Rest der Welt in einem Teamwork-Marathon den nächsten Schritt plant.

In Bündnispakten vertreten die Entitäten ihre Interessen gemeinsam, was ihre Verhandlungsposition gegenüber Dritten stärkt. Dies ist besonders wichtig, wenn es um bedeutsame wirtschaftliche oder geopolitische Themen geht. Durch die Bildung von Allianzen können kleinere oder weniger einflussreiche Staaten ihre Position stärken, indem sie sich mit stärkeren Partnern zusammenschließen. Auch größere Staaten profitieren von Bündnissen, da sie durch gemeinsames Vorgehen ihre Macht und ihren Einfluss auf der globalen Bühne erhöhen.

Bündnispakte schaffen langfristige Beziehungen, die über einzelne bilaterale Abkommen hinausgehen. Als Grundlage für eine stabile, langfristige Zusammenarbeit können sie Konflikte unterbinden. Insbesondere im Bereich der Verteidigung und Sicherheit bieten Allianzen einen kollektiven Schutz. Dies bedeutet, dass die Mitgliedsstaaten sich gegenseitig unterstützen, was die Sicherheit aller Beteiligten erhöht. Bilaterale Abkommen beschränken sich meist nur auf spezifische Themen, während Bündnisse eine gemeinsame Außenpolitik offerieren, die den Staaten hilft, eine einheitliche Linie gegenüber anderen Ländern zu verfolgen. Dies erhöht die diplomatische Wirksamkeit und ermöglicht einheitliche Reaktionen auf internationale Ereignisse. Bündnispakte verringern das Risiko von einseitigen Entscheidungen. Sie haben das Potenzial, langfristige stabile Beziehungen zu halten und Konflikte zu reduzieren. Ihre Wirksamkeit hängt jedoch stark von der konkreten Ausgestaltung und dem kontinuierlichen Engagement der beteiligten Partner ab.

Das gemeinsame Interesse zu wecken, besonders in einer zögerlichen Anfangsphase, erfordert Fingerspitzengefühl, klare Kommunikation und einen überzeugenden Mehrwert für alle Beteiligten. Aus einer zaghaften Annäherung entwickelt sich dann ein intensives und produktives Verhältnis, wenn man einige entscheidende Bedingungen erfüllt. In der Anfangsphase ist es wichtig, transparent über die Ziele und möglichen Vorteile der Zusammenarbeit zu kommunizieren. Eine offene Kommunikation, in der die Bedürfnisse und Erwartungen aller Seiten gehört und respektiert werden, legt das Fundament für ein starkes Verhältnis. Vertrauen ist der Klebstoff, der aus einer anfänglichen Skepsis ein starkes, produktives Netzwerk formt.

Es sollte gelingen herauszuarbeiten, wo die Überschneidungen in den Zielen und Interessen der Partner liegen. Wenn alle Seiten ihre individuellen Stärken und Schwächen erkennen und die Synergien zwischen ihren Fähigkeiten und Ressourcen klar benennen, entsteht ein Gefühl für eine gemeinsame Richtung. Anstatt in abschottendem Konkurrenzdenken zu verfallen, sollte der Fokus auf den Vorteilen einer wettbewerbsmässigen

Zusammenarbeit gelegt sein, die den individuellen Nutzen steigern, ohne andere zu übervorteilen.

Um eine zaghafte Annäherung in etwas Produktives zu verwandeln, ist es ratsam, mit kleinen, aber erfolgreichen Initiativen zu beginnen. Diese stärken das Vertrauen und erhöhen die Bereitschaft, mehr Verantwortung zu übernehmen. Erste, unkomplizierte Kooperationen, bei denen beide Parteien gleichwertig profitieren, schaffen Win-Win-Situationen und sind die Grundlage für langfristige und tiefere Partnerschaften.

Einer der stärksten Hebel für eine intensivere Zusammenarbeit ist der Wissensaustausch. Indem man als Partner den Zugang zu neuen Perspektiven ermöglicht, vertieft man das Vertrauen und die Zusammenarbeit auf natürliche Weise. Wenn alle Partizipierenden aus der Zusammenarbeit lernen, entsteht ein langfristiges Interesse daran, dieses Verhältnis auszubauen.

Die Verantwortung für den Erfolg und Misserfolg einer Partnerschaft werden idealerweise gemeinsam getragen. Es geht darum, nicht nur als Partner zu agieren, sondern als gleichberechtigte Mitgestalter einer grösseren Vision. Schliesslich will man ja die zukunftsträchtigen Vorteile im Blick behalten. Das Vertrauen in eine Partnerschaft wächst, wenn alle sehen, dass sie nicht nur kurzfristig profitieren, sondern in Zukunft stärker und stabiler aus der Zusammenarbeit hervorgehen können. Eine gemeinsame Vision für die Zukunft, die Raum für Wachstum und Weiterentwicklung lässt, motiviert, intensiv an der Beziehung zu arbeiten.

Oft scheuen sich Entscheider davor, neue Wege zu gehen oder Veränderungen zuzulassen, weil sie das Gefühl haben, es gäbe Hindernisse oder zu viel Unbekanntes. Warum nicht neue Partnerschaften eingehen? Das Festhalten an alten Denkmustern und zögerliche Herangehensweisen bedingen, dass man Chancen verpasst. Die Probanden verlangen nach Offerten und fragen, ob der Mut nach einem gemeinsamen Engagement auch wirklich vorhanden ist. Dann heisst es Nägel mit Köpfen machen. Die Bereitschaft, Verantwortung zu übernehmen, Neues auszuprobieren und bereit zu sein, die Ärmel hochzukrempeln, ist in solchen Momenten entscheidend. Entschlossenheit ist nicht nur Voraussetzung für den Erfolg, sondern auch für das Überwinden von Widerständen und die Bewältigung von Unsicherheiten.

Worin liegt der Wert kreativen Denkens oder einer gewagten Vision? Selbst wenn es nicht zum gewünschten Ergebnis führt, so war der Prozess der Auseinandersetzung mit der Idee und das Ausprobieren der Chancen trotzdem bereichernd. Und wenn nicht realisiert, so war es doch ein netter kreativer Traum, der es wert war, einmal durchlebt zu werden. Es ist wie ein Abenteuer, bei dem man Neues entdeckt, lernt und wächst. Und wer weiss, vielleicht wird der kreative Traum der Keim für etwas anderes, das später unerwartet aufblüht. Am Ende war es zumindest eine

Reise, die man mit Mut und Offenheit angetreten ist und das ist schon ein Erfolg.

Wer nimmt nun das Faktische in Anspruch? Es ist notwendig, sonst könnte man gar nicht zu neuen Horizonten reisen. Um sie zu erreichen, ist es unerlässlich, dass wir uns nicht von Illusionen oder blossen Annahmen leiten lassen, sondern die Fakten anerkennen und darauf basierend handeln. Ohne die Wahrnehmung der tatsächlichen Gegebenheiten ist jede Veränderung, jedes Fortschreiten ins Unbekannte mit einem hohen Risiko behaftet, weil man nicht auf eine solide Grundlage aufbaut. Wer das Faktische in Anspruch nimmt, nimmt Realität an und ist in der Lage, nicht nur die Schwierigkeiten zu erkennen, sondern auch die besten Möglichkeiten zu identifizieren.

Ohne die soliden Grundlagen aus Fakten und einer klaren Wahrnehmung der Realität wäre es schwierig, den Kurs zu bestimmen oder fundierte Entscheidungen zu treffen.

Doch das Faktische allein reicht nicht aus, um Innovation und Fortschritt zu ermöglichen. Es ist die Kombination aus Fakten und der Bereitschaft, mit ihnen kreativ umzugehen. Indem man Fakten als Ausgangspunkt nimmt, bewegt man sich sicher auf festem Boden und muss dennoch mutig genug sein, neue Wege zu beschreiten. Die Balance zwischen der Anerkennung der Realität und der Vision für die Zukunft ist, was den Unterschied ausmacht..

Wer übernimmt diese Verantwortung? Wer hat den Mut, das Faktische in den Vordergrund zu stellen, ohne sich dabei von der Furcht vor dem Unbekannten bremsen zu lassen? Es braucht eine Mischung aus Pragmatismus und Vision, um zu erkennen, dass Fakten nicht das Ende des Denkens sind, sondern die Grundlage für das, was kommen kann. Die Reise zu neuen Horizonten beginnt, wenn man das Faktische ernst nimmt und dann mutig weitergeht, um die Grenzen des Bekannten zu erweitern.

Grosse Veränderungen, Entdeckungen oder Innovationen

erfordern den Sprung ins Ungewisse, bei dem man nicht in jedem Moment wissen kann, wie der Ausgang sein wird. Aber genau dieser Mut, das Vertrauen in die eigene Vision und die Bereitschaft, Risiken einzugehen ist der Funke, der das Abenteuer überhaupt erst entfacht. Zaghaftigkeit bremst nicht nur die eigene Entfaltung, sondern hindert auch die Welt daran, von neuen Ideen und Perspektiven zu profitieren. Bemerkenswerte Entdeckungen und Fortschritte wurden nie durch zögerliches Abwägen oder das Abwarten des perfekten Moments gemacht, sondern durch das Handeln, das trotz aller Unsicherheiten und Zweifel den Kurs gesetzt hat.

Sicherlich wäre die Realisierung einer atemberaubenden neuen Allianz kein Scharaffenland-Epos. Die Anstrengungen zu sondieren, wären schon gross, wenn nicht gigantisch. Wer es wagt, so weit zu gehen, muss ein gewisses Mass an Resilienz, Entschlossenheit und vor allem eine tiefe Überzeugung in die eigene Vision mitbringen. Es erfordert Visionäre, die bereit sind, auch bei Widrigkeiten nicht aufzugeben, sondern aus jedem Stolperstein eine Lektion zu ziehen. Diese Staatenlenker sind nicht nur Innovatoren, sondern auch Risikoträger, die unbekanntes Land betreten, auch wenn der Weg dorthin alles andere als einfach ist. Es gibt also immer diejenigen, die sich trauen, die den Drang haben, über das Gewöhnliche hinauszugehen. Und oft sind es genau diese Akteure, die am Ende den Weg für andere ebnen und neue Massstäbe setzen. Auch wenn der Weg steinig und schwierig ist, werden genau sie die sein, die irgendwann die Früchte ihrer Anstrengungen ernten und die Welt wird sich dank ihres Mutes und ihrer Ausdauer verändern. Die „Karten-Kibitze", also die am Rande stehen und zuschauen, wundern sich über jedes kleine Detail. Sie werden tatsächlich aus dem Staunen nicht herauskommen. Diejenigen, die eigentlich nicht im Spiel sind und die Dinge bloss beobachten, entwickeln eine Mischung aus Staunen, Kritik und natürlich auch Neugier. Sie sind aber nicht die Macher. Während die mutigen Player die Karten in die Hand nehmen, sich auf unbekanntes Terrain wagen, stehen die Beobachter da und analysieren jedes Risiko und jede Entscheidung. Sie haben ihre eigenen Bequemlichkeiten und sichereren Plätze, aus denen heraus sie das Geschehen kommentieren. Gehören womöglich auch politische Player zu ihnen? In ihren Augen ist alles ein spektakuläres Abenteuer, ein grandioser Showdown, der ihnen in gewisser Weise auch einen Nervenkitzel verschafft.

Es braucht die Visionäre, aber auch die Netzplantechniker, die Strategie-Jongleure, Nutzwert-Analytiker werden, um das Mosaik fertigzustellen. Vielleicht werden noch grosse Geheimnisse der politischen Star-Manager aus den Tiefen gezogen. Diese unterschiedlichen Rollen von der strategischen Planung bis hin zur präzisen Analyse von Nutzen und Risiken sind die stillen, aber entscheidenden Kräfte, die dafür sorgen, dass das Ganze funktioniert. Sie holen die Vision vom Wolkenkuckucksheim auf den Boden der Tatsachen zurück, verwandeln die Ambitionen in umsetzbare Strategien und bewahren dabei stets den

Überblick. Manchmal kommen die wirklich bedeutenden Einsichten oder die versteckten Schätze der politischen Macht erst ans Tageslicht, wenn die mutigen Akteure ihre Expertise zusammenfügen.

Der emotional kulturelle Einschluss erfordert die Fähigkeit, die Bedürfnisse und Sorgen der Kulturen zu verstehen und ihre individuellen Werte zu berücksichtigen. So entsteht ein Gefühl von Partizipation und Verantwortung. Die kulturellen Unterschiede in den Ablaufmustern von Bündnispakten sind also tief in den jeweiligen gesellschaftlichen Normen und Werten verwurzelt. Ein erfolgreiches Bündnis muss daher nicht nur auf den harten Fakten und wirtschaftlichen Aspekten basieren, sondern auch das feine Gespür für die kulturellen Unterschiede und für die Art und Weise, wie Partner miteinander interagieren, entwickeln. Das Verständnis dieser kulturellen Nuancen ist entscheidend, um langfristige, stabile und effektive Bündnisse zu schaffen.

Vertrauen ist das Fundament jeder politischen Partnerschaft und wenn Zeit oft ein kritischer Faktor ist, muss dieses Vertrauen schnell entstehen. Psychologische Verbindungen entstehen nicht nur durch Worte, sondern auch durch Authentizität und ein echtes Interesse am Partner. In vielen erfolgreichen Bündnissen ist es nicht unbedingt der lange Zeitraum der Zusammenarbeit, der den Unterschied macht, sondern die Fähigkeit, innerhalb kürzester Zeit eine emotionale Brücke zu schlagen.

So bilden die erste Begegnung in einem Bündnis, der erste Eindruck, die Fähigkeit, sich gegenseitig zuzuhören und die Bereitschaft, sich aufeinander einzulassen, schon den Grundstein für alles, was folgt. In einer Welt, die zunehmend von Technologie und Entfernung geprägt ist, kann diese psychische Verbindung noch stärker durch authentische Kommunikation und den Austausch von visionären Ideen und gemeinsamen Zielen gepflegt werden.

Die angestrebte Sicherheit sorgt dafür, dass alle Parteien offener und kooperativer agieren. Schnelles Vertrauen entsteht dann nicht nur durch positive Erwartungen, sondern auch durch die Garantie, dass alle Beteiligten sich in einem geschützten Raum bewegen, in dem ihre Bedenken gehört und respektiert werden. Die wahre Verbindung geht über blosse Verträge und Vereinbarungen hinaus. Es geht darum, emotionale Resonanz zu erzeugen, die sicherstellt, dass die Partner nicht nur rational miteinander kommunizieren, sondern auch auf der kommunikativen Ebene miteinander in Einklang sind. Gemeinsame Werte, eine geteilte Vision und der Wunsch, die gleiche Zukunft zu gestalten, schaffen diese starke emotionale Bindung, die ein Bündnis antreibt.

Eine weitere Voraussetzung, eine schnelle psychische Verbindung aufzubauen, besteht darin, sich in gemeinsamen Herausforderungen zu erproben und Erfolge miteinander zu teilen. Dies stärkt das Gefühl von Zusammengehörigkeit und gibt allen Beteiligten das

Vertrauen, dass sie gemeinsam mehr erreichen können. Sobald diese Verbindung hergestellt ist, können auch schwierige Entscheidungen und komplexe Situationen mit mehr Leichtigkeit gemeistert werden, da alle Partner das Gefühl haben, dass sie füreinander da sind. Das Bindeglied für strategische Allianzen in der internationalen Politik ist in erster Linie das gemeinsame Interesse und die gegenseitigen Ziele, die Partner miteinander verbinden. Dies erfordert ständige Kommunikation, Vertrauen, Flexibilität, und das Festhalten an gemeinsamen Werten. Wenn diese Elemente berücksichtigt werden, können Allianzen nicht nur bestehen, sondern auch in sich verändernden geopolitischen Landschaften erfolgreich bleiben und langfristig gemeinsame Ziele erreichen.

Die Trefferquote beim Hinterfragen der Gedanken und Bedürfnisse ist nicht nur von der Rationalität und klaren Kommunikation abhängig, sondern auch von der kulturellen Intelligenz der Beteiligten sowie der Fähigkeit, ein Vertrauensverhältnis zu schaffen. In einem idealen

Szenario, in dem all diese Faktoren gut zusammenspielen, kann die Trefferquote hoch angesetzt werden. Wenn jedoch Hindernisse wie Missverständnisse, mangelnde Empathie oder kulturelle Differenzen ins Spiel kommen, wird sie deutlich niedriger ausfallen.

Gedankenübertragung in internationalen Partnerschaften könnte als Metapher für eine ideale, fast magische Kommunikation zwischen Ländern oder politischen Akteuren verstanden werden. Statt nur über Worte oder formelle Kanäle zu kommunizieren, könnten sich Länder direkt und ohne Missverständnisse verstehen, intuitiv und in einem tiefen, empathischen Austausch. Diese Vorstellung ruft die Sehnsucht nach einer Art Diplomatie hervor, die über die traditionellen Mittel hinausgeht und auf einer besseren Verständigung und einem stärkeren, gemeinsamen Gefühl basiert.

Intuition und das verstehende Miteinander gewinnen immer mehr an Bedeutung. Länder, die in der Lage sind, die magische Fähigkeit zu entwickeln, die Ideen der anderen ohne lange Worte zu erkennen, könnten tatsächlich den entscheidenden Vorteil in internationalen Beziehungen gewinnen. Es geht nicht nur darum, was gesagt wird, sondern auch darum, wie es gesagt wird und wie tief das gegenseitige Verständnis reicht. Es könnte ja sein, dass man sich der Zeiten erinnern wird, als man mit den ersten Gedanken der Allianz noch nichts anzufangen wusste und dann dennoch die Türen zu einer epochalen Kommunikation geöffnet wurden. Das Arsenal der Rückkoppelungen wird sich als gewaltig anmuten. Es wäre spannend, mehr über die spezifischen Aspekte dieser Allianz zu erfahren, die sich daraus ergeben hat. Welche Themen oder Ziele standen im Vordergrund? Welche Herausforderungen mussten überwunden werden? Und wie haben sich die Rückkopplungsprozesse im Laufe der Zeit entwickelt?

Ein entscheidendes Element in diesem kontinuierlichen Dialog ist die Fähigkeit zur Nutzung von

„gesellschaftspolitischen Spiegelneuronen". Die Gesprächspartner spiegeln die Worte aber auch Gedanken des anderen und die intentionale Bedeutung wider. Dies schafft einen Raum für tiefere kognitive Verbindungen, die über den blossen Austausch von Fakten hinausgehen. Wenn dieser Prozess in einer globalen Allianz oder einer transnationalen Zusammenarbeit stattfindet, könnte er zu einer kollektiven Intuition und einem globalen Bewusstsein führen, das im Laufe der Zeit immer ausgeklügelter wird.

Alle Teilnehmer an einer Allianz müssen sich ständig vor Augen halten, wie die grossen Linien des Bündnisses aussehen. Es muss klar sein, wie Entscheidungen getroffen werden und welche Rollen jeder Partner einnimmt. Gibt es ein gemeinsames Gremium? Welche Befugnisse haben die Partner in Bezug auf Entscheidungen? Ein klares Wertesystem, transparente Strukturen und verbindliche Ziele helfen dabei, die Partnerschaften in die richtige Richtung zu lenken.

Jede der Weltregionen ist auf eine Unmenge von Reizen konditioniert. Genau diese gilt es anzusprechen und auf einen gemeinsamen Nenner zu bringen. Ein Bündnis ist nur dann tragfähig, wenn es auf einer klar definierten Governance-Struktur basiert, die die Befugnisse der Partner transparent regelt. Verbindliche Ziele, ein gemeinsames Wertesystem und transparente Strukturen sind dabei entscheidend. Die Herausforderung besteht darin, die Rollen jedes Partners so zu definieren, dass das Bündnis als Ganzes stark bleibt, dabei aber auch die singulären Interessen und Befugnisse gewahrt werden. Das macht die Zusammenarbeit nicht nur stabil, sondern auch langfristig effizient und vertrauensvoll.

In vielen Regionen sind vor allem wirtschaftliche Vorteile ein entscheidender Faktor. Dazu gehören Handelsabkommen, Zugang zu Märkten, Infrastrukturprojekte und die Möglichkeit, gemeinsam Ressourcen zu nutzen. Regionen wie Asien oder Europa verfolgen oft geopolitische Interessen wie etwa den

Zugang zu strategischen Ressourcen oder den Schutz vor äusseren Bedrohungen. Diese Interessenfinden sich in den Militärbündnissen zur überregionalen Sicherheit. In Afrika oder Südamerika etwa könnte der Fokus auf der kulturellen Zusammenarbeit und der Förderung des sozialen Zusammenhalts liegen. In bestimmten Regionen, der Pazifischen Inselstaaten oder Nord- und Zentralafrika, würden der Klimaschutz und die Umweltpolitik einen primären Anreiz darstellen.

Die Bündnispolitik auf globaler Ebene erfordert also das geschickte Ansprechen der spezifischen regionalen Reize. Das bedeutet, dass das Bündnis sowohl die wirtschaftlichen, geopolitischen, kulturellen und ökologischen Bedürfnisse der einzelnen Regionen integriert und auf eine Ausweitung der gemeinsamen Vision hin tendiert. Es bedarf des flexiblen Rahmens und eines ständigen Dialogs, um die unterschiedlichen Bedürfnisse letztlich auf einen gemeinsamen Nenner zu bringen und das Bündnis langfristig erfolgreich zu gestalten.

Und dann sollte man sich überlegen, was zur gegenseitigen Vertrauensbildung beiträgt. Die Summe der politischen Erfahrungen gehört entschieden durchleuchtet. Aber dann weiss man auch woran man ist. Der Vertrauensaufbau ist das Fundament jeder erfolgreichen Allianz. Vertrauen ist der Kitt, der die verschiedenen Partner zusammenhält, vor allem in einer so komplexen und vielfältigen internationalen Partnerschaft. Es geht darum, die politischen Erfahrungen der einzelnen Akteure zu verstehen, sich die historischen Lektionen zunutze zu machen und zu wissen, wie man sich in der geopolitischen Realität positioniert. Rationale Evaluierungen bewerten und bestimmen das fachliche Zusammenspiel.

Indem man die historischen Hintergründe, politischen Ziele und Verhaltensmuster jedes Partners gründlich analysiert, bekommt man ein klareres Bild davon, woran man tatsächlich ist. Wenn dann eine offene und transparente Kommunikation einsetzt und schrittweise Vertrauen durch konstruktive Zusammenarbeit gewonnen wird, entsteht ein stabiles Fundament, auf dem das Bündnis langfristig gedeihen kann. Wird von allen verstanden, woran man ist, sind es die besten Voraussetzungen, um erfolgreich zusammenzuarbeiten.

19. NEUE TÖNE EINER ZUKUNFTS-MUSIK

Wenn wir uns ein Szenario ausmalen, in dem einige der derzeitigen Staatslenker in fünf Jahren nicht mehr an der Macht sein könnten, stehen wir vor einem Bild interessanter und potenziell chaotischer Erscheinungen. Wird der Kreml plötzlich ein freies Feld der Spekulationen und Intrigen sein? Es ist wie ein Poker-Spiel, bei dem jeder seine Chips auf den Tisch legt, aber niemand sicher sein kann, ob der nächste Einsatz tatsächlich aufgedeckt oder in einem gigantischen Staatsstreich enden wird.

Vielleicht wird der Kreml zu einer Arena der Kampf-Aushandlungen, in der Oligarchen, Geheimdienstchefs und Militärs um die Macht kämpfen, während sich das Land gleichzeitig in ein politisches Tohuwabohu verwandelt, das in einem Wettlauf endet, wer die nächste, legitimierte Diktatur weiterführen soll. Am Ende bekommt man vielleicht einen weiteren Putin zurück, der das System unter dem Deckmantel einer neuen Ära für sich nutzt, bei der allerdings jeder Zweifler zum Schweigen gebracht wird.

Auch der Aufstieg eines neuen chinesischen Drachen könnte einen historischen Moment markieren, in dem die kommunistische Partei entweder einen autoritären Nachfolger oder einen unerforschten Wandel in eine etwas offenere Gesellschaft sucht. Da Xi Jinping als unfehlbar galt, könnte es durchaus sein, dass die Partei plötzlich mit einem Druck von aussen und innen konfrontiert wird, sich neu zu orientieren. Vielleicht geschieht dies unter Umständen durch mehr Freiheit für die Regionen, durch wirtschaftliche Reformen oder sogar eine Öffnung der Gesellschaft. Andererseits könnte sich der Hang zur Kontrolle auch noch steigern. Inmitten dieser Unruhe würde der neue Drache plötzlich die Kontrolle wieder mit eiserner Faust übernehmen, nur ohne den gleichen Charme eines tückisch lächelnden Xi.

Donald Trump könnte sogar als eine Art Showman des politischen Zirkus weiterhin die öffentliche Meinung spalten und die amerikanische Politik mit seinen Ankündigungen aufmischen. Vielleicht wäre er als „Voice of America" in der Medienlandschaft omnipräsent, auch wenn er offiziell nicht mehr an der Macht ist. Neue Skandale, fragwürdige Erklärungen und alternative Fakten wären ja weiterhin sein Markenzeichen. Die Machtverschiebungen könnten zu einer Welt führen, in der das Chaos herrscht oder auch Platz für neue Ideen, Bewegungen oder politische Systeme gefunden wird. Gibt es etwa mehr als nur den alten Kampf zwischen Demokratie und Autoritarismus? Es könnte ja auch sein, dass mehr Frauen die Führung übernehmen. Oder es ergeben sich gar nicht-traditionelle, partizipative Regierungsformen.

Auf jeden Fall zu spekulieren, wer wo wem nachfolgen könnte, wäre Kaffeesatz-Leserei. Es gibt einfach zu viele Unwägbarkeiten und sich ständig verändernde Faktoren.

Wer genau das Erbe antritt, sei es durch interne Machtkämpfe, Wahlen oder politische Umbrüche, ist schwer vorherzusagen. Besonders in autoritären Systemen, wo die Nachfolgeregelungen oft verschleiert sind oder gar nicht existieren, bleibt es ein heisses Thema voller Unsicherheiten.

Dennoch steht fest, dass aus den ganzen Konstellationen heraus es durchaus sinnvoll ist, die Perspektiven einer neuartigen Allianz-Organisation zumindest anzudenken. Sich in die Bildung von neuen Bündnissen und strategischen Partnerschaften hineinzudenken, wäre keine schlechte Idee. Es könnte sich eine Perspektive ergeben, die in der Zukunft noch mehr Stärke verlangt, besonders wenn sich die bestehenden politischen Führungskonstellationen ändern. Ein Weiter-so-wie-bisher ist in der heutigen und gar in der morgigen geopolitischen Landschaft kaum noch tragfähig. Die globalen Herausforderungen, von wirtschaftlichen Verschiebungen bis hin zu Sicherheitsbedrohungen und ökologischen Krisen, werden eine Neuausrichtung der internationalen Beziehungen und Bündnisse erfordern. In den interdependenten Systemen, wäre ein Festhalten an veralteten Machtstrukturen nicht nur ineffektiv, sondern auch destabilisierend.

Die weltwirtschaftliche Landschaft ist jetzt schon grundlegend verunsichert. Die Bestrebungen von westlichen Nationen auf Freihandel und globaler Integration ist durch populistische Bewegungen, protektionistische Tendenzen und Handelskriege auf die Probe gestellt. Für viele Länder könnte es sinnvoller sein, sich weniger auf die traditionellen westlichen Märkte zu verlassen und stärker auf regionale Partnerschaften oder alternative Handelswege zu setzen.

Wenn China noch mehr in die globale Sicherheitsarchitektur eingreift und Russland sich zunehmend als geopolitischer Akteur behauptet, könnte dies die globalen Sicherheitsbündnisse vor eine

Zerreissprobe stellen. Der freie Westen müsste sich auf jeden Fall stärker zusammen schliessen. Überall könnten sich Regierungen nach ihren ähnlichen Weltansichten orientieren, was zu einer Neuformierung von Allianzen herausfordert. Demokratien könnten sich auf gemeinsame Werte konzentrieren, die von Rechtsstaatlichkeit und Menschenrechten bis hin zu wirtschaftlicher Gerechtigkeit reichen und sich in einem neuen Block zusammen schliessen. Gleichzeitig könnten sich autokratische Staaten zu noch mehr Gewalt solidarisieren.

Im 21. Jahrhundert werden Allianzen auf verschiedene Weise gemanagt, wobei sich die Dynamik durch technologische und wirtschaftliche Veränderungen stark wandelt. Dank der modernen Technologien in der Kommunikation können Bündnisse weltweit ohne geografische Barrieren effektiv koordiniert werden. Plattformen auf Social Media, Videoanrufe, Instant Messaging und Cloud-Tools ermöglichen schnelle und effiziente Kommunikation zwischen den Partnern. Daten werden schnellstens ausgewertet, um in strategische Entscheidungen einzufliessen, die die Allianzen stärken. Künstliche Intelligenz wird helfen, Risiken zu identifizieren und zukünftige Trends zu prognostizieren, was eine optimale pro-aktive Zusammenarbeit ermöglicht.

Die Bündnisse sind so flexibel geworden, dass sie sogar vorübergehend je nach Bedarf Vereinheitlichungen bilden, um auf aktuelle Herausforderungen zu reagieren. Die zunehmende Flexibilität kann durch schnelle Reaktionen einerseits Vorteile bringen, andererseits aber auch Unsicherheiten und Instabilitäten schaffen. Darin besteht eine grosse Gefahr für die Stabilität in den Strukturen, die als Backbone gebraucht werden. Es bleibt dennoch der Eindruck bestehen, dass starke Allianzen sich als alternativlose Option im Wettbewerb zwischen den grossen globalen Mächten wie den USA, China und Russland durchsetzen. Dies vor allem dann, wenn Spannungen zu strategischen Anpassungen es dringend verlangen.

Bleiben Allianzen nicht langfristig verankert, wird es wohl am mangelnden gegenseitigen Vertrauen liegen. Länder distanzieren sich in weiterer Folge voneinander. Solche unsichere Partnerschaften verursachen das ständige Schwanken der Positionen, was langfristig in Unsicherheit und Instabilität mündet. Wenn Allianzen hauptsächlich aus der Notwendigkeit entstehen, kurzfristig auf aktuelle Bedrohungen zu reagieren, wurden ihre Ziele von vornherein nicht klar definiert. Sie bleiben daher langfristig nicht sehr tragfähig.

Der Kitt ist nicht nur die gemeinsame militärische Stärke, sondern auch die weiche Macht, wie Kultur und Diplomatie. Das Konzept von Soft-Power wurde vom neoliberalen Politologen Joseph Samuel Nye als die Möglichkeit entwickelt, Menschen und Nationen durch kulturelle und politische Aktivität ausreifen zu lassen. Er plädierte für mehr Multilateralismus auf der internationalen Bühne. Seiner Meinung nach ist es das System von „Soft Power", welches verhindert, dass der

Terrorismus immer wieder Anhänger findet und das auch in der Lage sein sollte, die globalen Gegensätze zwischen den Nationen auszugleichen. Sollen Allianzen attraktiv gehalten werden, sind diese Aspekte nicht ausser acht zu lassen.

Ein Aspekt, der in der aktuellen Diskussion vielleicht noch zu wenig Beachtung findet, ist der Bereich des Klimawandels und der ökologischen Verantwortung. Staaten beginnen vermehrt, auf dieser Grundlage Allianzen zu schmieden. Dabei werden sowohl wirtschaftliche als auch sicherheitspolitische Interessen miteinander verknüpft. Solche Allianzen könnten einen neuen globalen Block bilden, der sich um die Schaffung einer nachhaltigen Weltwirtschaft dreht. Die Frage nach dem Zugang zu ressourcenreichen Gebieten und der Kampf um Wasserrechte sind ebenfalls eine Ausgangsbasis für internationale Koalitionen. Länder, die besonders vom Klimawandel betroffen sind, müssen ihre Kräfte bündeln, um globale Lösungen für diese existenziellen Bedrohungen zu finden.

Der Wandel, den wir heute erleben, erfordert ein Umdenken in den politischen, wirtschaftlichen und gesellschaftlichen Strukturen. Auf mögliche Szenarien nur beiläufig zu reagieren, ist in der modernen Welt zu wenig. Pro-aktive konkrete Lösungen sind geboten, die den neuen globalen Herausforderungen gerecht werden. Es geht nicht nur darum, kurzfristig zu agieren, sondern auch darum, Visionen für die Zukunft zu entwickeln. Sie müssen mit den Veränderungen auf der Weltbühne mithalten können. Die globale Politik, Wirtschaft und Sicherheit entwickeln sich in eine neue Richtung, und wer nicht rechtzeitig vorbereitet ist, läuft Gefahr, den Anschluss zu verlieren.

Die in diesen Ausführungen beschriebene Form eines völlig neu zu schmiedenden multilateralen Bündnisses hätte den Zusatznutzen einer festigenden Rückwirkung auf den innereuropäischen Zusammenhalt. Man stelle sich nur

einmal gedanklich vor, was alles aus der Einigkeit
entstehen könnte. Wie sich Europa unter diesen
Bedingungen positioniert, hängt von dem Szenario neuer
Partnerschaften ab. Jedenfalls sind gezielte Massnahmen
sofort erforderlich, damit es für Visionen nicht zu spät
wird.

Möge den Gesellschaften in Europa die Ängstlichkeit der
politischen Führungskräfte erspart bleiben. Ängstlichkeit
ist der schlechteste der negativen Einflüsse auf das
politische Management. Wenn politische Führungskräfte
von Angst geleitet werden, werden ihre Entscheidungen
zögerlich, inkohärent und wenig inspirierend sein. Das
wiederum hat Auswirkungen auf die Stabilität und
Handlungsfähigkeit eines Landes oder einer Region.
Führungskräfte, die von Angst bedrängt werden, haben
Schwierigkeiten, eine klare und überzeugende Vision zu
entwickeln und zu kommunizieren. Eine Führung, die von
Unsicherheit und Zweifeln geprägt ist, hat es schwer, die
Gesellschaft zu inspirieren und ihr Vertrauen zu gewinnen.

In Zeiten von grossen Umbrüchen ist es besonders wichtig, dass die Führung eine klare Richtung vorgibt. Gute Führung in einer dynamisch globalisierten Welt erfordert, dass Entscheidungen getroffen werden, die mit Risiken verbunden sind. Eine Führungskraft, die von Angst geprägt ist, wird möglicherweise nicht bereit sein, Risiken einzugehen, die jedoch notwendig sein könnten, um langfristige Vorteile zu erzielen. Ohne Risikobereitschaft bleibt das Potenzial für Innovation und Fortschritt ungenutzt.

Mutige Führung bedeutet nicht, Risiken blind einzugehen, sondern vielmehr, mit Weitsicht und einem klaren Plan zu handeln, auch wenn die Zukunft ungewiss ist, es sei denn, man will einfach mit einem lässigen Schulterzucken in den Sturm gehen, während man die Wettervorhersage ignoriert. In unsicheren Zeiten sind es gerade entschlossene und vorausschauende Entscheidungen, die langfristig zu Stabilität und Erfolg führen. Daher müssen politische Führungskräfte auch über eine gewisse psychologische Resilienz verfügen, um den Druck und die Unsicherheit der Verantwortung durchzustehen. Eine angstfreie, selbstsichere Führung trägt zu einem stabileren Umfeld bei und fördert die gemeinsamen Verpflichtungen.

J-G Matuszek

Universitäten: Innsbruck, Perugia, Salzburg.
Sprachwissenschaften. Diplom-Dolmetsch, Magister.
Politikwissenschaften, Empirische Systemwissenschaften,
Internationale Beziehungen, Kommunikationswissenschaften, Philosophie.
Postgraduierte Studien an verschiedenen Instituten: Marketing,
Werbung-PR-CI, Management-Controlling, Innovations- und
Developmet-Management.
Lizenzierter Unternehmensberater.

Beruflicher Werdegang:
Journalist, Übersetzer u: Dolmetscher, Gymnasial-Professor.
Manager in multinationalen Konzernen.
Management Contracting in mittelständischen Unternehmen.
Beratung und Coaching in den Bereichen Marketing, internationales Management und HR.
Vorstandsmitglied u. Geschäftsführer in mehreren Unternehmen in Deutschland und der Schweiz.
Zertifizierung von Unternehmen und Organisationen.
Vorstandsmitglied der Stiftung Globility-Circle, Schweiz.

Gastdozent an verschiedenen Universitäten und Business Schools. Autor.
Parallel-Karriere als Sportler, Präsident des österreichischen Taekwondo-
Verbandes, High-Tech-Kooperationen zur Leistungsdiagnostik-optimierung
in Wirtschaft und Sport.

Bücher des Autors

NEW VALUE ECONOMY - Manager quo vadis?	ISBN 9783981263206
MANAGEMENT DER NACHHALTIGKEIT	ISBN 9783658022891
SPORT FÜR MANAGER	ISBN 9783658036379

MANAGEMENT DER POLITIK - EUROPA	ISBN 9783990108529
EUROPÄISCH DENKEN	ISBN 9783738625592
EUROPÄISCH HANDELN	ISBN 9783750414501
MANAGEMENT VERSUS SPIRITUALITÄT?	ISBN 9783854314501
RUF NACH DEM SINN	ISBN 9783748144199
MUT ZUM SINN	ISBN 9783750418943
KICKOFF ZUM SINN	ISBN 9783752690200
MANAGEMENT SET-UP	ISBN 9783751941884
DER MANAGER *Roman*	ISBN 9783752648911
REFLEXIONEN Lyrik	ISBN 9783752603866
DIE TAEKWONDO MATRIX	ISBN 9783754352571
THE TAEKWONDO MATRIX	ISBN 9783754395394
TAEKWONDO MATRIX - SPORT EFFIZIENZ	ISBN 9783758307423
EVALUIEREN	ISBN 9783756228805
PSYCHE DER WELTGESCHICHTE	ISBN 9783757810108
POLITIK @ GLOBALE WELT . INTL	ISBN 9783758307942
POLITICS @ GLOBAL – WORLD . INTL	ISBN 9783759706041
THE EUROPE CODE	ISBN 9783759787170
DER EUROPA CODE	ISBN 9783759708182
INTERKONNEKTIVITÄT	ISBN 9783759779687
INTERCONNECTIVITY	ISBN 9783759793485
INTERCONNECTIVITÉ	ISBN 9783769321777
PARTEIEN - QUELLEN DES UNSINNS EUROPAS ZUKUNFT	ISBN 9783769355505